Schriften des Instituts für Entwicklungsforschung, Wirtschafts- und Sozialplanung GmbH
(isoplan-Schriften)

1

Heiko Körner, Manfred Werth (Herausgeber)

Rückwanderung und Reintegration von ausländischen Arbeitnehmern in Europa

Beiträge zu einem internationalen Symposion
des isoplan-Instituts in Saarbrücken
am 16. und 17. Oktober 1980

Verlag **breitenbach** Publishers
Saarbrücken · Fort Lauderdale 1981

Schriften des Instituts für Entwicklungsforschung, Wirtschafts- und Sozialplanung GmbH
(isoplan-Schriften)

Symposion und Veröffentlichung
dieser Schrift wurden gefördert von der Stiftung
Volkswagenwerk

CIP-Kurztitelaufnahme der Deutschen Bibliothek

Rückwanderung und Reintegration von ausländischen Arbeitnehmern in Europa:
Beitr. zu e. internat. Symposion d. Isoplan-Inst. in Saarbrücken am 16. u. 17. Oktober 1980 / Heiko Körner; Manfred Werth (Hrsg.). – Saarbrücken; Fort Lauderdale: Breitenbach, 1981.

(Schriften des Instituts für Entwicklungsforschung, Wirtschafts- und Sozialplanung GmbH; Bd. 1)
ISBN 3-88156-197-8

NE: Körner, Heiko (Hrsg.); Institut für Entwicklungsforschung, Wirtschafts- und Sozialplanung (Saarbrücken): Schriften des Instituts...

ISBN 3-88156-197-8

© 1981 by Verlag **breitenbach** Publishers
Saarbrücken, Germany · Fort Lauderdale, USA
Umschlaggestaltung: **marcello,** Saarbrücken
Printed by Wehle, Bonn

VORWORT

Mit der vorliegenden Publikation werden die Beiträge und Ergebnisse eines internationalen Symposions zugänglich gemacht, das im Oktober 1980 - gefördert von der Stiftung Volkswagenwerk - Wissenschaftler und Experten aus der Verwaltungspraxis in Saarbrücken zusammenführte, um eine Zwischenbilanz der bisherigen Forschungsergebnisse und praktischen Erfahrungen in dem Forschungs- und Politikbereich "Rückwanderung und Reintegration von ausländischen Arbeitnehmern in Europa" zu ziehen.

Zugleich eröffnet mit diesem Band das isoplan-Institut eine neue Schriftenreihe, die es sich zum Ziel gesetzt hat, künftig durch die Veröffentlichung geeigneter Beiträge aus der Forschungs- und Beratungstätigkeit des Instituts eine erweiterte Informationsbasis zu Fragen der internationalen Arbeitnehmermigration, der Ausländerpolitik sowie zum Bereich der personellen Entwicklungshilfe zu schaffen, vor allem aber auch den Dialog zwischen Wissenschaft und Praxis zu fördern.

Ob es angesichts der Flut von einschlägigen Publikationen und Schriftenreihen sinnvoll ist, eine neue Reihe zu eröffnen, mag zu Recht bezweifelt werden. Mehrere Faktoren ermutigen jedoch dazu, diesen Schritt zu vollziehen, der zweifellos auch eine Verpflichtung auf die Zukunft darstellt.

Ein Grund dafür liegt in der Erfahrung, daß zahlreiche wissenschaftliche Veröffentlichungen zu ebenso zahlreichen wissenschaftlichen Detailproblemen vorliegen, ganz wenige aber in dem Grenzbereich der Umsetzung in praktische Programme der Betreuung, Beratung und Förderung ausländischer Arbeitnehmer in der Bundesrepublik Deutschland und der personellen Zusammenarbeit mit ihren Heimatländern und den Entwicklungsländern insgesamt angesiedelt sind. Eine lange Reihe von Untersuchungen des Instituts, die sich eben diesem Grenzbereich widmen, wurde so zur "grauen Literatur".

Ein weiteres wesentliches Motiv liegt in der Beurteilung der Relevanz und Brisanz der angeschnittenen Problembereiche. Die Problematik der internationalen Arbeitnehmer- und Flüchtlingsströme, der "zweiten Generation" ausländischer Arbeitnehmer, des Fachkräftemangels in der Dritten Welt und der noch fundamentaleren Erfahrung, daß "Entwicklungshilfe" und die Zusammenarbeit mit den sogenannten Entwicklungsländern langfristig nur erfolgreich sein kann auf der Basis einer am Menschen selbst orientierten Politik, wird gegenüber "traditionellen Politikansätzen" der technischen und finanziellen Hilfe für die Länder der Dritten Welt in der nächsten Dekade und weit darüber hinaus zu einem erheblichen Umdenkungsprozeß führen müssen. Einen kleinen Beitrag hierfür zu leisten, ist Ziel der neuen Schriftenreihe.

Saarbrücken und Bonn   Dr. Manfred Werth
September 1981

INHALT

Seite

Heiko Körner Manfred Werth	Rückwanderung und Reintegration Einleitung	5
Heiko Körner	Thesen zum Zusammenhang von Arbeitsmigration und Wirtschafts- und Sozialentwicklung der Entsendeländer	11
Klaus Unger	Migration und Regionalstruktur in Griechenland	19
Peter Kammerer	Reintegrationsprobleme von Rückwanderern in Monopoli (Apulien) (Vorläufige Ergebnisse einer empirischen Untersuchung)	49
Günter Mertins	Rückwanderung spanischer Arbeitnehmer aus dem europäischen Ausland. Räumliches Verteilungsmuster und Investitionsverhalten in Spanien	63
Manfred Werth	Anmerkungen zur Wirksamkeit deutscher Reintegrationsprogramme für türkische Arbeitnehmer	77
Heiko Körner	Die Entwicklung von Rückkehrerbetrieben in Jugoslawien	99
Siegfried Schultz	Ansätze zur Eindämmung der abträglichen Wirkungen des "brain drain" durch gezielte Reintegrationsmaßnahmen	109
Ulrich Hiemenz	Investitionschancen des Kapitals ausländischer Arbeitnehmer in ihren Herkunftsländern	119
Heiko Körner	Zusammenfassender Bericht über die Abschlußdiskussion zum Thema "Probleme der Rückwanderungs- und Reintegrationspolitik"	145

Teilnehmerverzeichnis 157

Verzeichnis der von der Stiftung Volkswagenwerk geförderten Projekte im Bereich "Rückwanderung und Reintegration" 161

RÜCKWANDERUNG UND REINTEGRATION

EINLEITUNG

Nachdem im Herbst 1977 ein erstes Kolloquium über den Gesamtbereich des Forschungsschwerpunkts "Wanderungsbewegungen von Arbeitnehmern in Europa" der Stiftung Volkswagenwerk stattgefunden hatte, auf dem ein allgemeiner Überblick über Stand und Probleme der damals noch meist laufenden Projekte vermittelt wurde, sollte in einem zweiten Kolloquium im Herbst 1980 eine Gesamtbilanz der bis dahin vorliegenden Forschungsergebnisse im Teilbereich "Rückwanderung und Reintegration" gezogen werden. Hierzu wurden sämtliche, von der Stiftung Volkswagenwerk finanziell unterstützten Forschungsprojekte eingeladen, Vertreter nach Saarbrücken zu entsenden. Auf der Basis von einzureichenden Arbeitspapieren sollte über den Fortschritt bzw. über die Ergebnisse der einzelnen Projekte berichtet und vergleichend diskutiert werden. Zudem sollten auf der Basis dieser Bestandsaufnahme Fragen der praktischen Rückwanderungs- und Reintegrationspolitik mit Vertretern der damit befaßten aus- und inländischen wie auch internationaler Institutionen diskutiert werden.

Dieses zweite Migrationskolloquium entstand neben dem Wunsch nach einer besseren Koordination und einem Erfahrungsaustausch zwischen den beteiligten Wissenschaftlern und Praktikern vor allem aus der Überlegung, daß es bislang schwierig, wenn nicht unmöglich ist, aus den Ergebnissen der einzelnen Forschungsprojekte allgemeine, politikrelevante Antworten zur Rückwanderungs- und Reintegrationsproblematik abzuleiten. Diese Schwierigkeiten ergeben sich aus einer Reihe verschiedener Gründe: in den einzelnen Projekten werden meist spezifische Problemausschnitte aus dem umfassenden Komplex untersucht, der sich aus dem Thema Rückwanderung und Reintegration ergibt. Darüber hinaus überwiegen länderspezifische Untersuchungen.

Je nach Fachdisziplin werden unterschiedliche Erklärungsansätze und Analysemethoden verwendet. Schließlich ist eine unterschiedliche Gewichtung sachlicher Teilfragen je nach der - oft schwierigen - Datenlage und dem Forschungsstand in den einzelnen Entsendeländern festzustellen.

Eine allgemeine Präsentation der Forschungsergebnisse muß deshalb von einigen leitenden Fragestellungen ausgehen, auf die die vorgelegten partiellen Aussagen in einer Art Querschnittsanalyse bezogen werden können. Als Leitfragen wurden den einzelnen Berichterstattern daher folgende Thesen vorgelegt:

- Über die strukturelle Heterogenität der süd- und südosteuropäischen Entsendeländer hinaus haben sich in allen Ländern gemeinsame Merkmale einer "labour exporting economy" entwickelt. Zu fragen ist, wie stark diese gemeinsamen Merkmale ausgeprägt sind und wie der Prozeß der Rückwanderung und die Chancen zur Reintegration in den einzelnen Ländern hierdurch beeinflußt werden.

- Die Rückwanderung in die einzelnen Entsendeländer weist - wie jede Wanderung - eine bestimmte Strukturierung nach demographischen, geographischen und wirtschaftlichen Merkmalen auf. Es ergibt sich die Frage, ob diese Strukturierung jeweils nationalitätenspezifisch ist, und ob ein generalisierbarer Zusammenhang zwischen der jeweiligen Struktur der Rückwanderung und der Qualität der Reintegration besteht.

- Die einzelnen Entsendeländer verfügen über ein nach Art und Umfang unterschiedlich ausgebautes System der Arbeitsmarktpolitik und der Reintegrationsförderung. Die Frage bietet sich an , ob unter der Zielsetzung einer Verbesserung der Reintegraitons-Chancen bestimmte, als positiv bewertete Politikansätze auch auf andere Länder übertragen werden können, und welche Rolle dabei die technische und finanzielle Hilfe von seiten der nordwesteuropäischen Industrieländer spielen kann.

Wie sich im Verlaufe des Kolloquiums gezeigt hat, sind nicht alle Themen gleichermaßen intensiv diskutiert worden. Dies ist vielleicht ein Ergebnis dessen, daß im Hinblick auf die mehr politische Fragestellung der Abschlußdiskussion von Anfang an im Interesse der Teilnehmer politische und ökonomische Aspekte dominierten. Dies kann aber auch als Ergebnis der Anwendungsorientierung gesehen werden, die ganz offensichtlich das Forschungsinteresse aller Beteiligten prägt.

Dennoch sind auch - oft mehr am Rande des offiziellen Geschehens - methodische Diskussionen geführt worden, deren Wert zumindest für die daran Beteiligten nicht unterschätzt werden sollte. Denn die Herstellung einer gemeinsamen Diskussionsbasis dient nicht nur der Verallgemeinerung partieller Forschungsergebnisse unter anwendungsbezogenen Fragestellungen. Sie führt den Einzelforscher auch notwendig aus seiner - leider nur zu oft herrschenden - Isolierung und fördert damit die wissenschaftliche Kooperation.

* * *

Im ersten Teil des Kolloquiums berichteten die Projektvertreter anhand der von ihnen vorgelegten Arbeitspapiere über die Ursachen und Wirkungen der Rückwanderung in einzelnen Entsendeländer und -regionen, über die Erfahrungen von Rückwanderern nach der Rückkehr sowie über die Möglichkeiten der sozial-ökonomischen Modernisierung des Ursprungsmilieus durch die Aktivitäten der Rückkehrer. Wenn dabei auch durchaus von Beispielen einer erfolgreichen Rückwanderung in einzelnen Fällen berichtet werden konnte, ergab sich doch insgesamt eine eher skeptische Beurteilung der Modernisierungschancen: Offensichtlich bieten sich unter den in den süd- und südosteuropäischen Ländern herrschenden Bedingungen den Rückwanderern wenig Chancen für eine gesamtwirtschaftlich sinnvolle Anlage ihrer Ersparnisse. Zudem fällt den Rückwanderern die Wiedereingliederung in die traditionellen Sozialstrukturen schwer. Unproduktiver Konsum der Ersparnisse, Arbeitslosigkeit oder Scheinbeschäftigung in der Landwirtschaft und städtischen Dienstleistungsgewerben sind die Ursachen der persönlichen Enttäuschung, die nach der Rückkehr oft zu beobachten ist.

Im zweiten Teil standen Ziele, Voraussetzungen und Instrumente einer erfolgreichen Politik der Rückwanderungs- und Reintegrationsförderung zur Debatte. Auch hier zeigte sich, daß perfekte Problemlösungen noch auf sich warten lassen. Schon im Hinblick auf die anzustrebenden Ziele wurden divergierende Meinungen vorgetragen: Soll die Politik primär eine optimale Reintegration der Einzelnen anstreben? Oder soll die wirtschaftliche und soziale Entwicklung der Heimatländer oder -regionen primär gefördert werden; weil diese erst die Voraussetzung für die individuelle Wiedereingliederung darstellt? Da die Mittel der Politik nicht unabhängig von Zielprioritäten eingesetzt werden können, erstreckte sich die Diskussion folgerichtig auch auf die wechselseitigen Zusammenhänge zwischen individuell ansetzenden Maßnahmen der Rückwanderungsförderung und globalen Entwicklungshilfeleistungen.

Der vorliegende Band enthält eine Auswahl der auf dem Kolloquium vorgelegten Forschungsergebnisse, z.T. in aktualisierter Form. Die Auswahl, die aus Raumgründen unabweisbar war, ist so getroffen worden, daß der Leser einen Eindruck sowohl von den typischen Problemlagen in den Entsendeländern als auch von den auf dem Kolloquium vertretenen Forschungsansätzen und Analysemethoden erhält.

Den Einzelbeiträgen vorangestellt werden (die mit Absicht sehr pessimistisch gehaltenen) Thesen zum Zusammenhang von Arbeitsmigration und Wirtschafts- und Sozialentwicklung der Entsendeländer von KÖRNER. Diese Thesen sollten zum einen unter Rückgriff auf die leitenden Fragestellungen den gesamtgesellschaftlichen und gesamtwirtschaftlichen Rahmen akzentuieren, in dem die einzelnen, oft gruppen- oder regionbezogenen Forschungsergebnisse zu diskutieren waren. Sie sollten zum anderen die Diskussionsteilnehmer vor vor-

eiliger Selbstzufriedenheit insofern bewahren, als stets die Frage zu
stellen war, ob einzelne Ergebnisse einen Beitrag zur Falsifizierung
dieser Thesen leisten können.
Es folgen fünf Beiträge über laufende oder bereits abgeschlossene
Forschungsarbeiten zu partiellen Fragestellungen aus dem Problemfeld Rückwanderung und Reintegration in verschiedenen Entsendeländern: UNGER berichtet über Griechenland, KAMMERER über
Italien, MERTINS über Spanien, WERTH über die Türkei und schließlich KÖRNER über Jugoslawien. Beim Vergleich dieser Länderberichte
fällt auf, daß trotz der unterschiedlichen sozialen und ökonomischen
Rahmenbedingungen in den einzelnen Entsendeländern oder -regionen
die individuellen Probleme der Rückwanderer weitgehend ähnlich
sind. Das Finden angemessener Beschäftigungsmöglichkeiten, die
Wiedereingliederung in die herkömmlichen Gesellschaftsstrukturen
stellen offensichtlich die Rückwanderer in allen Ländern Südeuropas
vor ähnliche Schwierigkeiten.

Im Anschluß folgen zwei Beiträge, die eher die Makroforschung repräsentieren. HIEMENZ untersucht die allgemeinen Investitionschancen des Kapitals ausländischer Arbeitnehmer in ihren Herkunftsländern. Die bildungsökonomische Seite des Rückwanderungsproblems
stellt SCHULTZ dar. Hier fällt auf, daß es inzwischen im Makrobereich einen großen Fundus von Daten und Erfahrungen gibt, daß es
aber nach wie vor Schwierigkeiten bereitet, hieraus konkrete, anwendungsorientierte Problemlösungen abzuleiten.

An Ende dieses Bandes ist eine Zusammenfassung der Schlußdiskussion abgedruckt, die sich mit speziellen Aspekten der Rückwanderungs- und Reintegrationspolitik beschäftigt. Diese Diskussion orientierte sich im wesentlichen an einem Problemkatalog, der die Hauptfragen zusammenfaßt, die die Diskussion jeweils der einzelnen Arbeitspapiere beherrschten. Unter Rückgriff auf das am Anfang abgedruckte Thesenpapier kamen die meisten Diskussionsteilnehmer zu
einer eher kritischen Einschätzung der bis heute verfolgten Rückwanderungs- und Reintegrationspolitik. Bemerkenswert ist vor allem,
daß sich in der Diskussion eine mehr oder weniger prononcierte

"Frontstellung" zwischen den anwesenden Vertretern der Entsendeländer und deutschen Diskussionsteilnehmern entwickelte: Plädierten die ersteren eher für allgemeine, die Entwicklungsproblematik insgesamt berücksichtigende Politikansätze, so stand für die letztgenannten (noch) die individuell ansetzende Strategie der mehr sozial orientierten Rückwanderungsförderung im Vordergrund. Diese Auseinandersetzung sollte Anlaß dazu geben, die deutsche Position in dieser Frage gründlich zu überdenken.

* * *

Dank gebührt nicht nur den Tagungsteilnehmern selbst, die sich mit großer Energie den gestellten Fragen annahmen, vor wechselseitiger, oft scharfer Kritik nicht zurückscheuten und mit ihrem Engagement das Zustandekommen dieses Forschungsquerschnitts ermöglichten. Dank muß auch allen Mitarbeitern und Institutionen gesagt werden, die bei den Arbeiten des wissenschaftlichen Teils des Kolloquiums, aber auch beim gesellschaftlichen Rahmenprogramm hilfreiche Hand liehen. Besonders ohne das freundliche Entgegenkommen von Herrn Prof. Dr. Ernst E. Boesch, der die von ihm geleitete Sozialpsychologische Forschungsstelle für Entwicklungsplanung der Universität des Saarlandes (SFE) mit allen Facilitäten als Tagungsstätte zur Verfügung stellte, hätten die Diskussionen nicht in einer derart angenehmen Atmosphäre verlaufen können.

Schließlich ist der Stiftung Volkswagenwerk zu danken: Ohne deren finanzielle Hilfe hätte weder das Kolloquium noch dieser Tagungsband verwirklicht werden können. Ihre finanzielle Unterstützung hat auch zum großen Teil die hier repräsentierten Forschungsprojekte getragen.

Heiko Körner   *Manfred Werth*

Heiko Körner

*THESEN ZUM ZUSAMMENHANG VON ARBEITSMIGRATION UND WIRT-
SCHAFTS- UND SOZIALENTWICKLUNG DER ENTSENDELÄNDER*

1. *Charakteristika der "labour exporting economy"*

Bei oberflächlicher Betrachtung der Auswirkungen der europäischen Arbeitsmigration auf die süd- und südosteuropäischen Entsendeländer ergibt sich der Eindruck, daß zwei positive Effekte die wirtschaftliche Entwicklung fördern:

- Arbeitsmarktentlastungseffekte, da die (temporäre) Abwanderung das Überschußangebot auf dem heimischen Arbeitsmarkt reduziert;

- Zahlungsbilanzentlastungseffekte, da der Rücktransfer von Arbeitsmigranteneinkommen die außenwirtschaftliche Finanzierungslücke reduziert.

Beide Effekte werden oft als "willkommene Atempause im Wettrennen zwischen dem Anstieg der Prof-Kopf-Einkommen und der Bevölkerungsexpansion" interpretiert.

Wenn überhaupt, gilt dies aber nur auf kurze Sicht. Langfristig verschärft die Arbeitsmigration eher die in den Entsendeländern bereits vorhandenen Ungleichgewichte und verfestigt den sozio-ökonomischen Dualismus zwischen modernen Enklaven und traditioneller Peripherie. Dies wiederum akzentuiert das Entwicklungsgefälle zwischen den Entsendeländern und den nordwesteuropäischen Industrieländern: Was zunächst als "zeitweilige Lösung" akzeptabel erscheint, wird langfristig zum strukturellen Bruch innerhalb Europas.

1.1 Arbeitsmarkteffekte

Auf kurze Sicht vermag die Abwanderung nicht beschäftigter oder unproduktiv beschäftigter Arbeitnehmer den Arbeitsmarkt global zu entlasten. Deshalb wird die Arbeitsmigration von den Entsendeländern auch (zumindest stillschweigend) geduldet. Man erhofft sich eine Abschwächung des sozialen und politischen Drucks, den Arbeitslosigkeit und Unterbeschäftigung auf die vorhandenen Institutionen ausüben.

Langfristig verursacht die Arbeitsmigration jedoch strukturelle Verwerfungen auf dem Arbeitsmarkt: Erfahrungsgemäß überwiegen in der Gruppe der Migranten - verglichen mit dem Durchschnitt der gesamten Arbeitsbevölkerung - überdurchschnittlich mobile, jüngere, qualifiziertere Personen, die die Risiken der Wanderung eher zu tragen bereit sind. Diese Gruppe wird zudem noch durch die Anwerbepolitik der Aufnahmeländer präferiert. Ältere, weniger qualifizierte Personen nehmen hingegen die Wanderung erst auf, nachdem sich der Wanderungsstrom institutionalisiert hat. Deshalb treten trotz globaler Entlastung auf dem Arbeitsmarkt der Entsendeländer demographische, qualitative, regionale und sektorale Lücken auf, die den Entwicklungsprozeß auf doppelte Weise in falsche Bahnen lenken:

- Für die Beschäftigung in Industrien im modernen Sektor stehen wegen der Abwanderung nur verhältnismäßig ältere, wenig qualifizierte Personen zur Verfügung. Diese nehmen aber die angebotenen Beschäftigungschancen oft nicht wahr, weil sie entweder wegen der herrschenden Minimumlohnbestimmungen faktisch vom Arbeitsmarkt ausgeschlossen sind, ober weil diese Gruppe auf einträglichere Arbeitsmöglichkeiten im Ausland hofft.
Die Investoren neigen deshalb dazu, verhältnismäßig kapitalintensive Techniken zu nutzen. Dies führt zu außenwirtschaftlich nicht rentablen Industrialisierungsmustern, woraus sich wiederum die in vielen Entsendeländern chronischen Handelsbilanzdefizite erklären.

- Die Sogeffekte der externen Arbeitsmigration akzentuieren die in
den Entsendeländern bereits vorhandene Landflucht: Städte werden entweder als Absprungplatz für eine geplante Auslandswanderung präferiert, oder als Warteplatz für die "Eroberung von
Beschäftigungsmöglichkeiten" im Inland. Die ohnehin bestehenden
Urbanisierungsprobleme in den städtischen Zentren werden hierdurch noch verschärft.

- Wegen des geringen Entwicklungspotentials der Landwirtschaft
bewirkt die Landflucht eine Stagnation der Agrarproduktion. Das
so entstehende Nahrungsmitteldefizit erzwingt zusätzliche Importe.
Außerdem bedeutet dies, daß für die im Inland Beschäftigten eine
Senkung der Reallöhne eintritt, sofern die Nahrungsmittelpreise
nicht subventioniert sind. Solche Subventionen belasten die Staatskasse. Unterbleiben sie, gibt die Reallohnsenkung wiederum Anlaß zur externen Wanderung, die die Möglichkeit verspricht, bessere Reallöhne zu erlangen.

1.2 Zahlungsbilanzeffekte

Auf kurze Sicht vermögen (rein rechnerisch) Gastarbeiterüberweisungen zum Ausgleich der durch Importüberhang und hohe Auslandsschulden defizitären Zahlungsbilanz beizutragen. Hierdurch
sinkt der monetäre Druck auf die wirtschafts- und währungspolitischen Instanzen: grundsätzliche Korrekturen der Handelsbilanzsituation unterbleiben infolgedessen.

Auf längere Sicht wird jedoch deutlich, daß solche Deviseneinkünfte für die Zahlungsbilanzpolitik nicht mehr frei fungibel sind, da
bereits für binnenwirtschaftliche bzw. außenwirtschaftliche Verwendungszwecke festgelegt: Die Konsumorientierung der Geldvermögensbildung durch die Arbeitsmigranten führt bei unelastischem Angebot
auf den Binnenmärkten zu Zusatzimporten, die den Zahlungsbilanzausgleich gefährden.

Darüber hinaus induziert die zusätzliche, durch Überweisungen alimentierte Nachfrage nach Binnenmarktgütern (Bauten, Grundstücke und zugehörige Ausrüstungen) bei beschränkter Elastizität des Angebots auf den betreffenden Märkten Preissteigerungen, die sich mittel- bis langfristig auch auf die Märkte von Außenhandelsgütern übertragen. Der so hervorgerufene inflationäre Druck, der meist durch zunehmende Defizite der Ausgabenwirtschaft des Staates finanziert wird, mindert wiederum die Wettbewerbsfähigkeit der Exportprodukte und verstärkt gleichzeitig die Übernachfrage nach Importprodukten. Die so entstehenden chronischen Handelsbilanzdefizite werden in der Regel durch irrationale Symptomkorrekturen seitens der Außenwirtschaftspolitik beantwortet: Unrealistische Wechselkursfixierung verbunden mit Devisenbewirtschaftung und Importdirigismen schrecken aber nicht nur marktinduzierte Kapitalzuströme ab, sondern mindern auch die Neigung der Arbeitsmigranten zum Rücktransfer und zur produktiven Anlage ihrer Geldvermögen. Außerdem begünstigen Importbeschränkungen auf Importsubstitution orientierte Industrialisierungsmuster, die wegen relativ großer Kapitalintensität der Produktion wiederum die außenwirtschaftliche Wettbewerbsfähigkeit gefährden.

2. Sozioökonomische Strukturierung der Rückwanderung und mikroökonomische Modernisierungseffekte

Wanderungsvorgänge unterliegen einer doppelten Selektivität: Die Abwanderung aus dem Entsendeland umfaßt primär die mobilen, jüngeren und besser ausgebildeten Teile der Arbeitsbevölkerung. Zur Rückwanderung aus den nordwesteuropäischen Industrieländern entschließen sich neben jenen Personen, die ihre Einkommensziele erfüllt haben, vor allem auch solche, die älter, gesundheitlich geschwächt oder wegen unüberwindbarer Anpassungsprobleme im Gastland in ihren Erwartungen enttäuscht sind. Mit zunehmendem "Alter der Wanderung" akzentuiert sich dieser Sachverhalt, da in der Gruppe der Rückwanderer der Anteil jener Personen sinkt, die nach erfülltem Einkommensziel planmäßig ins Entsendeland zurückkehren.

Die Gruppe derer, die nach Erfüllung ihrer Wanderungsziele "erfolgreich" heimkehren, ist also klein. Nach der Rückkehr müssen selbst erfolgreiche Rückwanderer erhebliche Schwierigkeiten überwinden:

Sie treffen auf ein ökonomisch und soziales Milieu, das ihre gehobenen Erwartungen nicht honoriert: Die im Ausland gewonnene berufliche Erfahrung ist wegen ihres industriellen Bezugsrahmens oft nicht direkt anwendbar. Zudem kollidiert die erworbene persönliche Erfolgsorientierung mit den gruppenorientierten Arbeits- und Lebensnormen im traditionellen Milieu wie auch mit den vorhandenen bürokratischen Hierarchien. Unter dem Eindruck der herrschenden Normen- und Sanktionssysteme wie auch mangels komplementärer kleinindustrieller Aktivitäten bzw. Infrastrukturen kommt es dann zur Fragmentierung und oft konsumtiven Verschleuderung des durch die aktiven Arbeitsmigranten angesammelten Geldkapitals. Rückkehrende Arbeitnehmer, die trotz aller Schwierigkeiten in Industrien des formellen Sektors integriert werden, erleben zudem vielfach Kollisionen mit den dort herrschenden Hierarchien.

Deshalb unterbleiben mögliche Modernisierungseffekte. Robustere Arbeitsmigranten streben wiederum eine Beschäftigung im Ausland an; weniger robuste resignieren und bemühen sich um konventionelle Aktivitäten im formellen Sektor der Städte.

Unter den in den meisten Entsendeländern gegebenen Bedingungen muß daher die Rückwanderung auch im Hinblick auf mögliche individuelle Modernisierungseffekte als tendenziell unproduktiv und mit persönlicher Frustrierung besetzt beurteilt werden. Möglicherweise zu erwartende soziale Spannungen werden so lange nicht akut, als die Existenz des informellen Sektors die Erfahrung individuellen Scheiterns durch die dort mögliche Scheinbeschäftigung verdeckt.

Dieses Phänomen ist den Remigranten nicht zuzurechnen: Die der Arbeitsmigration oft beigemessenen Modernisierungseffekte kommen meist deshalb nicht zum Tragen, weil die Dominanz traditioneller Strukturen und entwicklungsfeindliche Attitüden der herrschenden Bürokratien eine individuelle Entfaltung moderner Verhaltensweisen unmöglich macht.

3. Rückwanderungspolitik und sozioökonomische Modernisierung

Eine effektive Rückwanderungspolitik ist so lange nicht möglich, als die Politiksysteme der Entsendeländer in der bislang vorherrschenden Art partikularisiert, auf die Erhaltung bestimmter gesellschaftlicher Hierarchien orientiert und deshalb zu problemübergreifenden zweckrationalen Lösungen nicht fähig sind.

Dies betrifft insbesondere die Arbeitsmarktpolitik, die weder von der Konzeption noch von der materiellen und institutionellen Ausstattung her auf die Problematik der Reintegration rückwandernder Arbeitsmigranten ausgerichtet ist. Zudem kann die Arbeitsmarktpolitik über diese Anforderungen hinaus nur dann erfolgreich operieren, wenn sie eng mit der Industrialisierungs-, der Regional- und der Außenwirtschaftspolitik verflochten ist. Denn von diesen Politikbereichen gehen die notwendigen Informationen über die Art, die Qualität, den Standort der erforderlichen modernen ökonomischen Aktivitäten aus, in die das Modernisierungspotential wie auch das Geldkapital der Rückwanderer zu lenken sind.

Neben der problemübergreifenden Ausgestaltung einer entwicklungsbezogenen Rückwanderungspolitik erscheint besonders eine Entbürokratisierung des Politikinstrumentariums erforderlich, weil der meist gegebene übermäßige Interventionismus bürokratischer Institutionen nicht nur die allgemeine Politikkoordination hemmt, sondern auch private Modernisierungsinitiativen zunichte macht.

Unter solchen Bedingungen fehlen für die Institutionierung von zwischenstaatlichen Rückwanderungslenkungssystemen, die in Kooperation zwischen Gast- und Entsendeländern die Rückwanderung bereits im Gastland hinsichtlich der Erfordernisse im Entsendeland quantitativ und qualitativ vorstrukturieren, jegliche institutionellen (und wohl auch rechtlichen) Grundlagen.

Potentielle Rückwanderer sollten aber bereits in den Gastländern zumindest besser über die allgemeine Lage in den jeweiligen Heimatländern und über spezifische Beschäftigungs- und Investitionschancen unterrichtet werden. Die Vorbereitung von Rückwanderern sollte dabei nicht nur Berufsbildungsmaßnahmen im engeren Sinne umfassen, sondern auch die Vermittlung jenes Organisationswissens, das für eine erfolgreiche Reintegration erforderlich ist.

Klaus Unger

MIGRATION UND REGIONALSTRUKTUR IN GRIECHENLAND

Im vorliegenden Papier werden ersten Ergebnisse eines Forschungsprojekts vorgestellt, das im September 1979 unter Leitung von Prof. Dr. Hans-Dieter Evers am Praxisschwerpunkt Entwicklungsplanung und Entwicklungspolitik der Fakultät für Soziologie der Universität Bielefeld begonnen wurde und die Effekte der Arbeitskräfterückwanderung auf die Sozialstruktur griechischer Städte zum Untersuchungsgegenstand hat. Neben einer Analyse des Wandels der Sozialstruktur durch Rückwanderung werden Probleme der Remigranten bei ihrer (Re-)Integration in die griechische Gesellschaft analysiert. Dazu ist eine Befragung in drei griechischen Städten (Athen, Thessaloniki und Serres) durchgeführt worden, so daß 574 Inverviews mit Haushaltsvorständen und weitere 208 mit zurückgekehrten Jugendlichen im Alter von 13 bis 22 Jahren in denselben Familien vorliegen.

Eine Analyse der regionalen Verteilung der Emigration und Rückwanderung in Griechenland auf der Basis von vorliegenden Statistiken der letzten zehn Jahre bezieht sich insbesondere auf die regionale ökonomische, infrastrukturelle und demographische Entwicklung. Können Urbanisierungsprozesse festgestellt werden, die durch Remigration beeinflußt oder sogar ausgelöst werden? Die Beziehung zwischen konjunktureller Entwicklung und "Migrationsschüben" soll durch entsprechende Zeitreihen aufgezeigt werden.

Umfassendes Datenmaterial wurde durch die Befragung in bezug auf die sozio-ökonomische Lage der Rückwanderer erhoben (vgl. Abschnitt 3). Ein separater Teil des Forschungsprojekts befaßt sich mit der Situation zurückgekehrter Jugendlicher. Diesbezüglich wurden die o.g. Interviews mit Kindern in den Familien durchgeführt, so daß durch diese Untersuchungsanlage die Möglichkeit gegeben ist, die Familienhintergrunddaten aus der Elternbefragung mit den Daten der Jugendlichenbefragung zu kombinieren. Eine weitere Befragung von Jugendlichen hat in Berufsausbildungskursen an verschiedenen Orten Griechenlands stattgefunden, um die Frage der beruflichen Integration zurückgekehrter Jugendlicher zu vertiefen. Die durch diese Untersuchungsschritte vorliegenden Daten werden einer weiteren Erhebung unter griechischen Jugendlichen, die sich (noch) in der Bundesrepublik aufhalten, gegenübergestellt, wobei die Erwartungen hinsichtlich einer eventuellen Rückkehr mit den Erfahrungen bereits remigrierter Jugendlicher kontrastiert werden.

Es existieren mehrere Arbeiten zu einer "Soziologie der Rückwanderung", jedoch wurde ein umfassendes Modell, das alle Aspekte der Problematik erklären könnte, bisher nicht vorgelegt. In dieser Richtung soll die Studie innovativ wirken und ein entsprechendes Modell als *ein* Ergebnis vorlegen. Insbesondere sind durch die Analyse der Befragungsdaten Ergebnisse zu erwarten, die es den in der Bundesrepublik lebenden (griechischen) Arbeitsemigranten ermöglichen, aus der Erfahrung bereits zurückgekehrter Griechen entsprechende Rückschlüsse für ihre eventuelle eigene Rückkehr zu ziehen, und die damit eine bessere und fundiertere Planung des Reintegrationsprozesses ermöglichen. Auch werden die notwendigen Richtungen staatlicher Reintegrationsprogramme durch die Studie aufgezeigt werden. Das Forschungsprojekt wird zum Jahresende 1981 abgeschlossen.

Im ersten Abschnitt dieses Beitrags erfolgt eine Charakterisierung der regionalen Verteilung der griechischen Aus- und Rückwanderung, die danach den regionalstrukturellen Verhältnissen gegenübergestellt wird. Im dritten Kapitel werden erste Ergebnisse der Befragung auf der Basis der Athener Interviews präsentiert.

1. Die regionalen Charakteristika der griechischen Aus- und Rückwanderung

Eine Untersuchung der griechischen Migration hat zunächst festzustellen, welche Daten als Grundlage dienen sollen. Schon mehrfach ist von anderen Autoren auf die Misere der griechischen Migrationsstatistiken hingewiesen worden (die zudem seit 1977 nicht weitergeführt werden). So konnte für diese Studie nur auf die Statistiken der Jahre 1970 bis 1977 zurückgegriffen werden (da nur in dieser Periode nach Ziel- bzw. Herkunftsländern der Migranten auf Nomo (Bezirks-)Ebene unterschieden wurde), die u.a. den Nachteil haben, auf Grenzbefragungen zu basieren und nicht ausführlich und zuverlässig zu sein. So liegen einer regionalen Verteilung der Rückwanderung lediglich die Absichtserklärungen griechischer Rückkehrer zum Zeitpunkt des Grenzübertritts zugrunde. Trotzdem bieten die Statistiken die "umfassendste" Möglichkeit zu einer Regionalstrukturanalyse.

Berücksichtigt man die Zeitspanne 1970 bis 1977, so entfallen von allen dokumentierten Emigrationsfällen (= 296.789) 58 % auf das Zielland Bundesrepublik Deutschland, während bezogen auf alle Rückkehrer (= 189.512) 61 % aus der Bundesrepublik kamen. Zu diesen Zahlen muß noch angemerkt werden, daß die Statistiken nur bis September 1977 vorliegen, so daß für die letzten drei Monate eine Hochrechnung vorgenommen wurde. Die große Bedeutung der BRD als Emigrationskontext für Griechenland läßt eine Begrenzung der Berechnungen und Ausführungen auf die Migration zwischen diesen beiden Ländern als sinnvoll erscheinen. Dies ist deshalb möglich, da die griechischen Migrationsstatistiken auf der Ebene von 52 Gebietseinheiten (51 Nomoi + Groß-Athen) nach Ziel-/Herkunfsländern aufgeschlüsselt sind. Wenn im folgenden also ohne besondere Kennzeichnung von Emigration oder Remigration schlechthin die Rede ist, so ist damit die Migration zwischen Griechenland und der Bundesrepublik Deutschland gemeint.

Auf den beiden folgenden Seiten werden in Tabelle 1 für die 52 Bezirke fünf Migrationsindizes für die Periode 1970 bis 1977 aufgelistet (zur geographischen Einteilung Griechenlands siehe die beiden Karten auf der letzten Seite): Emigrationsintensität (Emigration je 1.000 Einwohner 1971), Remigrationsintensität (Rückwanderer je 1.000 Einwohner 1971), Remigrationsquote (Rückwanderer je 100 Auswanderer), Anteil an der gesamtgriechischen Emigration in die Bundesrepublik Deutschland (in Promille), Anteil an der gesamtgriechischen Remigration aus der Bundesrepublik Deutschland (in Promille). Die Tabelle bestätigt die dominierende Rolle Nordgriechenlands im Migrationsprozeß. So kommen 46,7 % der Emigranten von 1970 bis 1977 aus Mazedonien, und sogar 52,7 % der Remigranten kehren dorthin zurück. Dieser Zuwachs ist allerdings fast ausschließlich auf die Stärkung der Position des Nomos Thessaloniki im Remigrationsprozeß zurückzuführen. Von den neun geographischen Regionen können nur Mazedonien und die Ägäischen Inseln ihre relative Bedeutung für die griechische Migration im Zuge der Rückwanderung verstärken, ferner insbesondere auch Athen (von 7,3 % der Emigration auf 11,5 % der Remigration). Eine Erklärung hierfür bietet die in Athen und im Nomo Thessaloniki extrem hohe Remigrationsquote. Im übrigen kehrten in die im Rahmen der Befragung näher untersuchten Bezirke Athen, Thessaloniki und Serres von 1970 bis 1977 32,1 % aller Remigranten zurück.

Bei einer Betrachtung der Emigrations- und Remigrationsintensität wird deutlich, daß nicht nur Nord-, West- und Zentralgriechenland als Herkunftsgebiet der Migranten von größter Bedeutung sind, sondern daß in diesen Gebieten auch die Auswanderung als solche einen großen Stellenwert hat. Während im südlichen Griechenland nur selten mehr als 0,5 % der Bevölkerung emigrierten bzw. zurückkehrten, steigen diese Anteile in den nördlicheren Landesteilen bis zu Extremwerten von 13,5 % (Thesprotia) und 11,6 %(Drama) bei der Emigration und bis zu 8,3 % (Drama) und 6,6 % (Thesprotia) bei der Remigration. Entsprechend besteht ein starker Zusammenhang zwischen Emigrations- und Remigrationsintensität ($r = 0.95$, $S = 0.001$).

Tabelle 1: Migrationsindizes

	(1) Emigrationsintensität	(2) Remigrationsintensität	(3) Remigrationsquote	(4) Anteil an BRD-Emigration	(5) Anteil an BRD-Remigration
Athen	5	5	106	73	115
Rest Zentralgriechenlands					
Aetolia/Akarn.	10	4	41	14	8
Attika (Rest)	3	2	61	5	4
Boeotia	2	2	84	1	2
Euboea	7	5	73	7	7
Evritania	8	3	38	1	1
Phthiotis	5	3	59	4	4
Phokis	2	2	113	0	1
Peloponnes					
Argolis	4	3	81	2	2
Arkadia	2	1	66	1	1
Akhaia	5	4	72	7	8
Ilia	13	6	47	12	9
Korinthia	4	4	83	3	4
Lakonia	3	2	64	2	2
Messenia	8	5	61	8	7
Ionische Inseln					
Zakynthos	9	5	55	2	1
Corfu	22	13	60	12	11
Cephalonia	4	4	91	1	1
Levkas	9	5	57	1	1
Epirus					
Arta	25	11	45	12	8
Thesprotia	135	66	49	32	23
Ioannina	41	20	49	32	23
Preveza	72	34	47	24	17

Tabelle 1 (Fortsetzung)

	(1)	(2)	(3)	(4)	(5)
Thessalien					
Karditsa	18	8	42	14	9
Larisa	24	12	48	33	23
Magnisia	13	7	53	12	9
Trikala	61	26	43	47	30
Mazedonien					
Grevena	75	46	61	15	13
Drama	116	83	72	61	65
Imathia	35	24	70	24	25
Thessaloniki	18	21	117	74	128
Kavala	52	44	84	37	46
Kastoria	30	26	86	8	10
Kilkis	61	41	67	30	30
Kozani	48	31	65	38	37
Pella	51	31	62	37	34
Pieria	65	51	78	34	40
Serres	75	45	59	88	78
Florina	50	33	66	15	15
Chalkidiki	14	10	71	6	6
Thrazien					
Evros	62	50	81	50	60
Xanthi	65	27	41	31	19
Rodopi	60	20	33	37	19
Ägäische Inseln					
Dodecanes	13	11	90	9	12
Kykladen	1	1	93	1	1
Lesbos	8	5	61	5	5
Samos	8	6	66	2	2
Chios	2	2	98	1	1
Kreta					
Iraklion	17	9	51	21	16
Lasithi	6	4	71	2	2
Rethymni	16	8	50	6	4
Chania	8	5	56	6	5

Wenn man bedenkt, daß sich diese Zahlen nur auf die Periode 1970 bis 1977 beziehen und die griechische Emigration in die Bundesrepublik Deutschland bereits in den 60er Jahren ihre Höhepunkte hatte, so wird das Ausmaß der Auswirkungen der Emigration in den einzelnen Bezirken vorstellbar. Da keine Zahlen auf Bezirksebene für die 60er Jahre vorliegen, muß auf einen Vergleich der beiden Perioden für die Wanderung zwischen Griechenland und der Bundesrepublik Deutschland verzichtet werden. Es läßt sich im übrigen statistisch *kein* Zusammenhang feststellen, daß eine hohe Emigrations- oder Remigrations*intensität* mit einer hohen Remigrations*quote* einhergeht. Zur Charakterisierung der Remigrationsquote ist festzustellen, daß lediglich in drei Bezirken (Athen, Phokis (der für den Migrationsprozeß zwischen Griechenland und der Bundesrepublik Deutschland ohne große Bedeutung ist) und Thessaloniki) eine die Emigranten übersteigende Rückwanderung zu verzeichnen ist. Für alle anderen Bezirke bedeutet die Emigration einen realen Bevölkerungsverlust. Diese Entwicklung würde sich noch verstärken, könnte man bei der Berechnung der Quote auch die Zahlen für die 60er Jahre einbeziehen, in denen die Emigration die Rückwanderung bei weitem übertraf.

An dieser Stelle soll der erhebliche Unterschied demonstriert werden, der entsteht, wenn man die Migrationsindizes statt nur für die Relation Griechenland - Bundesrepublik Deutschland für die *gesamte* griechische Außenwanderung berechnet. Derart wurde in der von GECK (1979) vorgelegten Studie "Die griechische Arbeitsmigration" vorgegangen, deren Ziel u.a. "eine Analyse der Ursachen der griechischen Arbeitsmigration innerhalb Europas" (Seite 3) ist, wozu später festgestellt wird, daß man sich diesbezüglich "auf die deutsch-griechische Wanderung beschränken" (Seite 26) könne. Diese Ausführungen lassen erwarten, daß GECK seine Analyse auf den entsprechenden Daten aufbauen würde, jedoch muß er mangels Daten (da er die Entwicklung seit 1961 untersucht) die Zahlen zur *gesamten* griechischen Außenwanderung zugrundelegen. So wird denn eine Regressionsanalyse zur Regionalstruktur im Zusammenhang mit der "griechischen Arbeitsmigration" (die bei GECK auf eine "deutsch-griechische Wanderung" reduziert wird) mit Hilfe der Statistiken der gesamten griechischen, sogar der Überseemigration durchgeführt, ohne daß dies jedoch ausreichend deutlich vermerkt würde. Welche Unterschiede durch diese Berechnungspraxis auftreten können, verdeutlicht Tabelle 2 auf der nächsten Seite, die eine Zusammenstellung von GECK (Seite 239) den für die Wanderung Griechenland - Bundesrepublik Deutschland relevanten Daten gegenüberstellt. Dabei hat GECK eine Rangreihenfolge der 25 wichtigsten Bezirke für die Rückwanderungsintensität erstellt, die nach den hier zugrundegelegten Daten teilweise erhebliche Verschiebungen erfährt (was u.a. auch auf die untersuchten Zeitspannen zurückzuführen ist). Ferner wird die hier berechnete Remigrationsquote der von GECK gegenübergestellt, wobei Unterschiede von +38 % und -34 % auftreten.

Tabelle 2: Vergleich von Migrationsdaten dieser Studie und bei GECK 1979

	Rückwanderungsintensität	Rang	Rang bei GECK	Rückwanderungsquote BRD/GR	GECK
Drama	83	1	1	72	88
Thesprotia	66	2	2	49	62
Pieria	51	3	3	78	86
Evros	50	4	12	81	89
Grevena	46	5	4	61	71
Serres	45	6	5	59	75
Kavala	44	7	7	84	96
Kilkis	41	8	6	67	93
Preveza	34	9	9	47	60
Florina	33	10	8	66	54
Kozani	31	11	10	65	80
Pella	31	12	13	62	66
Xanthi	27	13	16	41	44
Trikala	26	14	15	43	65
Kastoria	26	15	11	86	85
Imathia	24	16	17	70	79
Thessaloniki	20	17	19	117	107
Rodopi	20	18	20	34	35
Ioannina	20	19	18	49	61
Corfu	13	20	–	60	76
Larisa	12	21	21	48	63
Arta	11	22	23	45	49
Dodecanes	11	23	14	90	65
Chalkidiki	10	24	24	71	78
Iraklion	9	25	–	51	59
Athen	5	31	22	106	88

2. Migration und Regionalstruktur

Um die Zusammenhänge von regionalstrukturellen Gegebenheiten und den jeweiligen Migrationsprozessen aufzuzeigen, wurden fünf Migrationsindizes mit Variablen zur Regionalstruktur korreliert. Dabei zeigte sich erneut, daß die Zusammenhänge in ihrer Stärke variieren, wenn man die Indizes einerseits auf der Basis des gesamten Migrationsaufkommens, andererseits auf der Basis der Migration zwischen Griechenland und der Bundesrepublik Deutschland berechnet. Für die folgenden Ausführungen dienten die Indizes der letztgenannten Berechnungsart, und zwar soll hier lediglich auf die Remigrationsquote (Rückwanderer pro Auswanderer) und die Emigrationsintensität (Auswanderer pro Einwohner 1971) der Periode 1970 bis 1977 eingegangen werden. Es wurde bereits festgestellt, daß die Emigrations- und Remigrationsintensitäten hoch miteinander korrelieren, so daß sie in gleicher Weise mit den Regionalstrukturvariablen wirken. Im folgenden wird in Klammern der Pearsonsche Korrelationskoeffizient r sowie das Signifikanzniveau S angegeben.

Die Bezirke, die von 1951 bis 1961 eine hohe Bevölkerungszunahme zu verzeichnen hatten, weisen für die Periode 1970 bis 1977 eine hohe Emigrationsintensität auf ($r = 0.32$, $S = 0.01$); andererseits ist die Rückwanderungsquote umso höher, je geringer die Bevölkerungsabnahme von 1961 bis 1971 war ($r = -0.32$, $S = 0.01$). Zur Altersstruktur kann festgestellt werden, daß mit zunehmendem Anteil der über 64-jährigen an der Bevölkerung (1971) die Emigrationsintensität in den darauffolgenden Jahren abnimmt ($r = -0.44$, $S = 0.001$).

Man kann generell davon ausgehen, daß die Remigrationsquote (die ja die Anziehungskraft eines Bezirkes auf die Migranten veranschaulicht) in *den* Bezirken höher ist, die einen geringeren Anteil an ruraler Bevölkerung, d.h. in Orten mit weniger als 2.000 Einwohnern lebend, aufweisen ($r = -0.45$, $S = 0.001$).

Entsprechend der Verknüpfung des Urbanisierungsgrades mit einer Reihe anderer Merkmale ist die Rückwanderungsquote in *den* Bezirken höher, in denen

- die ärztliche Versorgung (Ärzte je Einwohner) besser ist ($r = 0.48$, $S = 0.001$),

- die Krankenhausversorgung (Betten je Einwohner) besser ist ($r = 0.38$, $S = 0.003$),

- der Anteil der Haushalte mit Elektrizitätsversorgung höher ist ($r = 0.52$, $S = 0.001$),

- der Anteil der Haushalte mit Kanalanschluß höher ist ($r = 0.46$, $S = 0.001$),

- der Anteil der Haushalte mit Wasseranschluß *in* der Wohnung höher ist ($r = 0.67$, $S = 0.001$),

- die durchschnittliche Haushaltsgröße (Personenanzahl) kleiner ist ($r = -0.39$, $S = 0.002$),

- die Bevölkerungsdichte höher ist ($r = 0.30$, $S = 0.02$); zwischen Bevölkerungsdichte und Emigrationsintensität wurde *kein* Zusammenhang festgestellt!

- der Anteil der Einwohner mit nicht abgeschlossener Volksschule geringer ist ($r = -0.44$, $S = 0.001$),

- der Anteil der Analphabeten geringer ist ($r = -0.60$, $S = 0.001$),

- der Anteil der im primären Sektor Beschäftigten niedriger ist ($r = -0.61$, $S = 0.001$),

Entsprechend dem letzten Punkt ist die Rückwanderungsquote in den Bezirken höher, in denen die Anteil der Beschäftigten im sekundären Sektor (r = 0.46, S = 0.001) und im tertiären Sektor (r = 0.59, S = 0.001) höher sind. Die Verschiebung der Beschäftigungsstruktur wird deutlich, setzt man die Emigrationsintensität zur Sektorverteilung in Beziehung: die Emigrationsintensität wird umso größer,

- je mehr Personen eines Bezirks im primären Sektor (r = 0.32, S = 0.01),

- je weniger Personen im sekundären Sektor (r = -0.22, S = 0.05) und

- je weniger Personen im tertiären Sektor beschäftigt sind (r = -0.31, S = 0.01).

Hinsichtlich des Beschäftigungsstatus ergab sich, daß die Remigrationsquote umso höher ist,

- je höher der Anteil der Unternehmer (r = 0.35, S = 0.01),

- je niedriger der Anteil der "own-account-workers" (r = -0.35, S = 0.01) und

- je höher der Anteil der Lohn- und Gehaltsempfänger an den Beschäftigten ist (r = 0.56, S = 0.001).

Keine ausgeprägte Bedeutung für die Remigrationsquote, jedoch für die Emigrationsintensität, hat der Anteil der Unter- bzw. Nicht-Beschäftigten an der ökonomisch aktiven Bevölkerung. Dies verdeutlichen in gewisser Weise die Ergebnisse der Befragung im nächsten Abschnitt, daß nämlich die Auswanderung in erster Linie ökonomisch bedingt ist, für die Rückwanderung jedoch nicht-ökonomische Gründe den Ausschlag geben. Trotzdem kann eine Tendenz verzeichnet werden, daß die Rückkehrer die Beschäftigungssituation in den einzelnen Bezirken berücksichtigen: So ist eine umso höhere Remigrationsquote zu verzeichnen,

- je geringer die Arbeitslosenquote insgesamt (r = -0.22, S = 0.06) und die Arbeitslosenquote bei der männlichen Bevölkerung im besonderen (r = -0.30, S = 0.02),

- je geringer die Unterbeschäftigungsrate insgesamt (r = -0.28, S = 0.02) und die der männlichen Bevölkerung im besonderen (r = -0.29, S = 0.02),

- je kleiner die "Arbeitskräftereserve", d.h. alle Arbeitslosen und Unterbeschäftigten zusammengenommen bezogen auf die ökonomisch aktive Bevölkerung (r = -0.28, S = 0.02).

Eindeutiger und abgesicherter sind jedoch die entsprechenden Aussagen bezüglich der Emigrationsintensität, welche umso höher ist,

- je höher die Arbeitslosenquote insgesamt (r = 0.52, S = 0.001) und die der Männer im besonderen (r = 0.54, S = 0.001),

- je höher die Unterbeschäftigungsrate insgesamt und auch die der Männer (beide r = 0.55, S = 0.001),

- je größer die "Arbeitskräftereserve" ist (r = 0.57, S = 0.001).

Zum Schluß dieses Überblicks über die ersten Ergebnisse der Regionalanalyse seien noch einige Bemerkungen zur internen Migration in Griechenland angefügt. Zugrundegelegt werden die Daten zur internen Migration der Periode 1966 bis 1971. Je kleiner in diesem Zeitraum der Anteil der abwandernden Bevölkerung in andere Bezirke Griechenlands ist, desto höher ist die Remigrationsquote der internationalen Migration (r = -0.29, S = 0.02); ferner: je höher die Zuwanderungsrate durch interne Migration (Zuwanderer pro Einwohner), desto höher die Remigrationsquote (r = 0.29, S = 0.02). Mit der Emigrationsintensität ergibt sich für die Zuwanderungsrate eine negative Korrelation: je größer der Anteil der Zuwandernden aus anderen Bezirken Griechenlands in einem Bezirk ist, desto geringer ist die Emigrationsintensität (r = -0.31, S = 0.02). Da die größten Emigrationsintensitäten in Nord-

Griechenland auftreten und damit in von Athen am weitesten entfernten Gebieten, treten folgende Korrelationen mit der internen Migration nach Athen auf: Die Emigrationsintensität ist umso höher,

- je niedriger der Anteil der internen Abwanderung nach Athen an der Bevölkerung ist ($r = -0.49$, $S = 0.001$),

- je niedriger der Anteil der Abwanderung nach Athen an der gesamten internen Abwanderung des Bezirks ist ($r = -0.56$, $S = 0.001$),

- je niedriger der Anteil des Bezirks an der Gesamtzuwanderung nach Athen ist ($r = -0.46$, $S = 0.001$).

Ein positiver Zusammenhang wurde festgestellt zwischen der Remigrationsquote und der internen Zuwanderungsquote (Zuwanderer bezogen auf Abwanderer; $r = 0.46$, $S = 0.001$). Aus den dargestellten Zusammenhängen ließe sich für die untersuchten Perioden vermuten, daß die interne Migration und die Emigration für die Betroffenen *Alternativen* darstellen, d.h. entweder findet eine Wanderung in die Bundesrepublik Deutschland oder in einen anderen Bezirk statt. Die im nächsten Abschnitt dargestellten Ergebnisse der Rückwandererbefragung zeigen jedoch, daß oft eine interne Abwanderung der Emigration ins Ausland *vorgeschaltet* war.

Zusammenfassend und ergänzend lassen sich folgende Charakterisierungen vornehmen: Bezirke, die eine *höhere Emigrationsintensität* aufweisen, sind gekennzeichnet durch vergleichsweise

- eine stärkere Bevölkerungszunahme in den 50er Jahren,

- einen höheren Anteil der über 64-jährigen an der Bevölkerung,

- größere Haushalte ($r = 0.40$, $S = 0.002$),

- einen höheren Anteil von Analphabeten ($r = 0.27$, $S = 0.03$),

- einen höheren Anteil an Personen ohne Volksschulabschluß
  ($r = 0.54$, $S = 0.001$),

- höhere Arbeitslosen- und Unterbeschäftigungsquoten,

- höhere Anteile der Beschäftigten im primären Sektor und niedrigere Anteile im sekundären und tertiären Sektor,

- niedrigere Anteile von Lohn- und Gehaltsempfängern ($r = -0.32$, $S = 0.01$) sowie von Unternehmern ($r = -0.24$, $S = 0.05$),

- eine geringere Bedeutung der internen Abwanderung nach Athen.

Bezirke, die eine *höhere Remigrationsquote* aufweisen, sind gekennzeichnet durch vergleichsweise

- eine geringere Bevölkerungsabnahme in den 60er Jahren,

- einen weniger ruralen Charakter,

- eine bessere infrastrukturelle Versorgung (Ärzte, Krankenhäuser, Ausstattung der Wohnungen),

- einen geringeren Anteil an Analphabeten,

- einen geringeren Anteil an Personen ohne Volksschulabschluß,

- niedrigere Arbeitslosen- und Unterbeschäftigungsquoten,

- einen niedrigeren Anteil von Beschäftigten im primären und höhere Anteile im sekundären und tertiären Sektor,

- höhere Anteile von Unternehmern und Lohn- und Gehaltsempfängern und niedrigere Anteile von "own-account-workers",

- einen geringeren Stellenwert der internen Abwanderung und eine höhere interne "Zuwanderungsquote".

3. Erste Ergebnisse der Rückkehrerbefragung in Athen

Im folgenden sollen erste Ergebnisse einer Häufigkeitsauszählung von 226 Interviews mit Haushaltsvorständen, 1980 in Athen durchgeführt, vorgestellt werden. Insgesamt liegen durch die Erhebung 574 auswertbare Fragebogen aus den drei Städten Athen (226), Thessaloniki (217) und Serres (131) vor. Wenngleich der Darstellung hier lediglich die Daten aus Athen zugrundeliegen, so dürften die Ergebnisse doch die grundlegenden Tendenzen veranschaulichen.

Migrationsbiographie / -vorstellungen

Die befragten Rückkehrer mit einem Durchschnittsalter von 42 Jahren (Ehefrauen 38 Jahre; es wurden nur verheiratete Männer befragt) sind durchschnittlich Anfang 1978 aus der Bundesrepublik nach Griechenland zurückgekommen und haben sich im Ausland 12 Jahre aufgehalten. Auffällig ist eine Konzentration des Remigrationsstroms auf die Sommermonate Juni bis September, in denen 59 % der Befragten zurückkehrten.

Lediglich 47 % der Befragten wohnten vor der Emigration in Athen, die ersten 15 Jahre ihres Lebens haben sogar nur 15 % in Athen verbracht. Dieses Ergebnis stützt eine Grundhypothese der Untersuchung, daß nämlich die europäische Arbeitskräfterückwanderung die Urbanisierungsprozesse in den Heimatländern verstärkt: 53 % der Rückkehrer nach Athen wohnten vor der Emigration in den Provinzen und sind über die Rückwanderung in das urbane Zentrum Athen gelangt. Vier Hauptmotive lassen sich identifizieren, wenn man nach dem Grund für eine Rückkehr gerade nach Athen fragt: das Vorhandensein von Eigentum an Immobilien (49 %), die besseren Ausbildungschancen für die Kinder (34 %), die Ansicht, in Athen besser einen Arbeitsplatz zu finden als anderswo (29 %) und die Tatsache, daß Athen schon vor der Auswanderung der Wohnort war (31 %). Natürlich ist weiterzufragen, *warum* die Befragten vor der Rückkehr Eigentum in Athen hatten. Man kann sicherlich davon ausgehen, daß Emigranten während ihrer Emigrationszeit in erster Linie Kontakt mit *dem* Ort haben, in dem auch ihre Verwandten wohnen und dort insbesondere ihre Rückkehr z.B. durch den Kauf von Eigentumswohnungen vorbereiten. So haben immerhin 87 % der Befragten Verwandte ersten Grade in Athen!

Jeder Fünfte ist während seiner Emigrationszeit schon ein- oder mehrmals nach Griechenland zurückgekehrt und dann wieder re-emigriert. Die Bereitschaft zur Re-Emigration in die Bundesrepublik ist auch gegenwärtig enorm hoch: 54 % geben an, sie würden wieder auswandern, wenn es eine Möglichkeit dazu (d.h. keinen Anwerbestopp) gäbe! Hinzu kommt, daß sich die zeitlichen Perspektiven für die Emigrationsdauer beträchtlich verschoben haben. Während bei der ersten Emigration 55 % eine durchschnittliche Auswanderungsdauer von 4,4 Jahren geplant hatten, weitere 38 % für unbestimmte Zeit und 7 % für immer emigrieren wollten, geben von der Gruppe, die erneut Griechenland verlassen würde, 12 % eine durchschnittliche Dauer von 7,9 Jahren an, 32 % für unbestimmte Zeit, 20 % bis zur Erreichung des Rentenalters und 36 % (= 17 % *aller* Rückwanderer) für immer! Es ist also auffallend, daß eine starke Tendenz besteht, Griechenland für eine längere Periode, wenn nicht gar für immer zu verlassen.

Wenn die Entscheidung, sich in Griechenland nach einer Rückkehr niederzulassen, nochmals anstünde, so würden 60 % wieder nach Athen ziehen. Dies ist deshalb erstaunlich, da auf die Frage nach einem Ratschlag, wohin rückkehrwillige Griechen in Griechenland ziehen sollten, lediglich 9 % Athen nennen. Dort dominiert der Ratschlag, auf jeden Fall in den Geburtsort zurückzukehren (32 %) vor den Präferenzen größerer Städte (über 10.000 Einwohner, aber nicht Athen und Thessaloniki; 26 %), kleinerer Städte (15 %) sowie ländlicher Gebiete (11 %). Im übrigen würde von denjenigen, die nicht nochmals nach Athen ziehen würden, jeder Zweite seinen Geburtsort vorziehen. Ein bedeutendes Datum wird dadurch geliefert, daß lediglich 11 % den in der Bundesrepublik arbeitenden Griechen uneingeschränkt zur Rückkehr raten, 30 % unter der Bedingung ökonomischen Abgesichertseins und 59 % überhaupt nicht!

Daß diese Zahlen erheblich durch die eigene Erfahrung und den Zufriedenheitsgrad mit der Remigration gekennzeichnet sind, wird weiter unten deutlich.

Fast alle Ehefrauen der Befragten (97 %) waren ebenfalls in der Bundesrepublik, von denen lediglich 5 % dort überhaupt nicht gearbeitet haben, während 68 % während der gesamten Emigrationsphase beschäftigt waren.

Folgende fünf Antworten stellen die wichtigsten *Auswanderungsmotive* dar:

- um allgemein besser zu leben (28 %)
- um Geld zu verdienen und für ein Haus zu sparen (21 %)
- um Geld zu verdienen und für ein Geschäft/Firma zu sparen (17 %)
- um eine bessere Arbeitsstelle zu finden (11 %)
- wegen eingetretener Arbeitslosigkeit (9 %)

Diese Motive beziehen sich eindeutig auf den ökonomischen Bereich, was deutlich von den Rückkehrmotiven abweicht, bei denen familiäre Gründe dominieren, was folgende Aufstellung belegt:

- wegen der Ausbildung der Kinder, die mit in der Bundesrepublik waren (44 %)

- wegen der Kinder, die in Griechenland geblieben waren (15 %)

- wegen Gesundheitsproblemen des Befragten oder seiner Frau (15 %)

- familiäre Gründe allgemein (Eltern, Hochzeit etc.) (8 %)

- wegen Heimweh, allgemeiner Ermüdung (9 %)

Diese Gründe zusammengenommen stellen also 91 % der Rückkehrgründe dar, so daß man bei einer derart untergeordneten Rolle der ökonomischen Motive keine allzu großen Hoffnungen auf die Rückkehrer als dynamischen ökonomischen Faktor setzen sollte. Jeder Dritte gab im übrigen an, daß sich durch die Rückkehr für sein Leben *große* Schwierigkeiten ergeben haben. Die Remigranten wurden ferner gefragt, ob sich insgesamt gesehen die Aus- bzw. Rückwanderung für sie gelohnt hat. Die Antworten ergeben folgende Verteilung:

Angaben in %	Emigration	Remigration
hat sich überhaupt nicht gelohnt	2	30
hat sich eher nicht gelohnt, wenn es auch Vorteile gab	6	9
hat sich schon gelohnt, wenn es auch Probleme gab	28	32
hat sich auf jeden Fall gelohnt	64	31

So kann man also feststellen, daß vier von zehn Remigranten ihre Rückkehr als nicht lohnend, gewissermaßen als Fehlentscheidung bezeichnen, was im übrigen die bereits erwähnte Tendenz zur Wiederauswanderung teilweise erklärt.

Bildung / Beruf

In Griechenland betrug die Schulpflicht (bis 1976) 6 Jahre, wonach man die "Volksschule" (dimotikon) abschloß. Diesen Abschluß gaben 73 % der Befragten an, 12 % haben höhere Schulbildung und 15 % gar keinen Abschluß. Durchschnittlich dauerte der Schulbesuch 7 Jahre, wenngleich immerhin 13 % weniger als 6 Jahre (also entgegen der Pflicht) zur Schule gegangen sind.

Hinsichtlich des beruflichen Status interessieren in erster Linie die möglichen Veränderungen durch den Migrationsprozeß, worüber folgende Tabelle Aufschluß gibt:

beruflicher Status (in %)	vor der Emigration	letzte Stelle in der Bundesrepublik	gegenwärtig
ungelernter Arbeiter	40	24	16
angelernter Arbeiter	30	56	32
Facharbeiter	3	15	3
Angestellter	12	4	16
Selbständiger	15	-	33

Zunächst fällt auf, daß sich der Anteil der ungelernten Arbeiter während des Migrationsprozesses stark verringert, wobei der Anteil vor der Emigration unter anderem durch die Tätigkeit vieler Migranten als Landarbeiter bedingt ist. Die hauptsächliche Tätigkeit der Emigranten in der Bundesrepublik ist die des angelernten Arbeiters, wobei der Anteil dieser Gruppe nach der Rückkehr denselben Prozentsatz erreicht wie vor der Auswanderung, was auch für die Facharbeiter gilt. Anhand der Selbständigen-Anteile wird deutlich, welchen Einfluß die Remigration auf die Sozialstruktur eines Landes haben kann: der Anteil der abhängig Beschäftigten an der ökonomisch aktiven Bevölkerung geht zurück durch eine Steigerung der Selbständigenrate bei den Remigranten im Vergleich zur Zeit vor der Auswanderung. Wenngleich die Selbständigkeit in der Bundesrepublik für die Emigranten nur eine geringe Rolle spielt, so zeigen doch die Zahlen, wie stark die Tendenz ist, abhängiger Beschäftigung auszuweichen. Dabei ist allerdings gegenwärtig nicht zu klären, inwieweit dies freie Entschlüsse sind oder ob damit nur auf ein mangelndes Arbeitsplatzangebot reagiert wird. Zur Klärung dieser Frage wird später die Korrelation mit den Variablen der beruflichen Präferenz beitragen, wo 27 % angeben, daß sie bei freier Wahl dieselbe Arbeit verrichten möchten wie jetzt auch. 26 % würden sich gern selbständig machen und 43 % (!) würden eine Arbeit in einer Fabrik wie in der Bundesrepublik vorziehen.

Wie aber sind die oft zitierten wirtschaftlichen Entwicklungsimpulse der Selbständigen einzuschätzen? 88 % der Selbständigen beschäftigen keine Angestellten, sind also Ein-Mann-Unternehmen! 11 % beschäftigen bis zu fünf Angestellte, so daß man von der Schaffung neuer Arbeitsplätze durch Rückwanderung nur begrenzt sprechen kann. 83 % der Selbständigen sind im tertiären Sektor tätig, der Rest im Handwerk, einer in der Produktion. Haupttätigkeiten sind das Betreiben kleiner Geschäfte und Taxifahren. Der in Griechenland allgemein und in Athen insbesondere aufgeblähte Dienstleistungssektor wächst also durch die Remigration noch weiter, was auch die nachfolgende Tabelle der Branchenverteilung der Beschäftigten vor der Emigration, für die erste und letzte Stelle in der Bundesrepublik und für die heutige Stelle verdeutlicht.

Branchenverteilung	vor der Emigration	erste Stelle in der BRD	letzte Stelle in der BRD	gegenwärtig
Landwirtschaft	26	–	–	–
Metallerzeugung / -verarbeitung	7	27	28	13
Automobilindustrie	1	12	12	1
chemische Industrie	1	8	12	5
elektrotechnische Industrie	4	9	13	4
Baugewerbe (Hoch + Tief)	17	9	3	12
Dienstleistungen	27	4	8	47

Auch diese Zahlen verdeutlichen die starke Orientierung der Rückwanderer hinsichtlich des tertiären Sektors. Auffallend ist die Abwanderung der Emigranten aus dem Bausektor in der Bundesrepublik zwischen erster und letzter Arbeitsstelle. Durchschnittlich haben die Befragten in der Bundesrepublik dreimal ihren Arbeitgeber gewechselt. Es sei noch angemerkt, daß jeder dritte Befragte direkt vor seiner Auswanderung in Griechenland arbeitslos war.

Offiziell waren alle Befragten nach der Rückkehr arbeitslos, da die Anschriften für die Untersuchung vom Arbeitsamt stammten, wo die Remigranten wegen ihrer Arbeitslosigkeit und der Arbeitslosengeldzahlungen registriert waren. Dazu ist zu bemerken, daß es sich nach Aussagen der Befragten oft um eine *gewollte* Arbeitslosigkeit handelt, um Urlaub nach der Emigrationszeit zu machen, damit alle mit der Rückkehr zusammenhängenden Angelegenheiten (z.B. Zoll etc.) geregelt werden können, damit ein Haus (weiter-)gebaut wird etc.. Ferner existieren Fälle, wo in Wirklichkeit gearbeitet wird, offiziell aber Arbeitslosengeld bezogen wird (vor allem bei Selbständigen). So ist es zu erklären, daß 14 % angeben, sie seien nach der Rückkehr nicht arbeitslos gewesen, und weitere 18 %, sie hätten keinen Kontakt mit dem Arbeitsamt gehabt. Die maximale Dauer für den Bezug von Arbeitslosengeld beträgt 5 Monate, so daß 23 % eine derartige Arbeitslosigkeit angeben. Durchschnittlich waren die Rückwanderer 7 Monate arbeitslos.

Lediglich 11 % der Befragten gaben an, daß ihr Arbeitsplatz in der Bundesrepublik vor der Rückkehr nach Griechenland in Gefahr war. So bewerten auch 73 % die Chancen, in der Bundesrepublik eine Arbeitsstelle zu finden, die ihren Wünschen entspricht, als gut, während dies für Griechenland nur von 24 % festgestellt wird. Jeder Zweite beurteilt sein Verhältnis zum Vorarbeiter/Meister, unter dem er in der Bundesrepublik gearbeitet hat, als gut und weitere 47 % sogar als sehr gut! Diese Einschätzungen weisen auf die allgemeine Tendenz hin, die Gegebenheiten im Emigrationskontext sehr positiv zu bewerten, was weiter unten noch deutlicher wird.

Einkommen / Ersparnisse / Warentransfer

Relativ geringe Verweigerungsquoten traten bei den Fragen nach dem Einkommen und den Ersparnissen auf. Das durchschnittliche Individualeinkommen liegt bei 23.000,- Drachmen, das Haushaltseinkommen bei 27.000,- Drachmen (= ca. 1.100,- DM). Während ihrer Emigrationszeit schickten 77 % regelmäßig Geld in die Heimat, welches in starkem Maße für Hausbau/Wohnungskauf und die Erziehung und Versorgung von in Griechenland gebliebenen Kindern benutzt wurde (bei 33 % der Fälle für Haus, 26 % für Kinder, 14 % sowohl als auch). Fast alle Emigranten (93 %) sind mit dem Ziel ins Ausland gegangen, Geld zu sparen, was auch realisiert wurde. Ca. jeder Sechste hat einen Teil des Geldes in der Bundesrepublik gelassen. Die durchschnittlich als gespart angegebene Summe beträgt 2 Mio Drachmen (= 83.000,- DM). Es werden aber auch in Einzelfällen Summen bis zu 8 Mio Drachmen genannt. Auf die Frage, wofür die Ersparnisse ausgegeben wurden, gab es folgende Antworten:

76 % Bau/Kauf eines Hauses/Eigentumswohnung, Grundstück
53 % Zollgebühren
40 % Ausbildung der Kinder
38 % Kauf von Möbeln und Haushaltsgegenständen
31 % Kapital für ein Geschäft/selbständige Tätigkeit
19 % Unterstützung/Hilfe für Verwandte
14 % Autokauf
 4 % Kauf von Maschinen für Werkstatt
(Mehrfachangaben, N = 204)

Zusätzlich wurde eine Gewichtung vorgenommen, wofür das *meiste* Geld ausgegeben wurde, was folgende Verteilung ergibt:

68 % Bau/Kauf eines Hauses/Eigentumswohnung, Grundstück
15 % Kapital für ein Geschäft/selbständige Tätigkeit
 7 % Zollgebühren
 4 % Autokauf
 2 % Ausbildung der Kinder
 2 % Kauf von Möbeln und Haushaltsgegenständen
 1 % Unterstützung/Hilfe für Verwandte
 -   Kauf von Maschinen für Werkstatt
(N = 201)

Die Tabellen verdeutlichen die starke Orientierung der Rückwanderer auf Immobilien, was bei der hohen griechischen Inflationsrate nicht verwunderlich ist. Andererseits spielt sicherlich ein gewisser Demonstrationseffekt gegenüber Nicht-Migranten auch eine Rolle. Fast jeder Zweite der erfaßten Selbständigen hat nach der obigen Tabelle von seinen Ersparnissen am meisten für seine berufliche Tätigkeit ausgegeben.

Eine Möglichkeit zum Einsatz von Migrantenersparnissen bieten die jetzt auch in Griechenland verstärkt einsetzenden Aktivitäten um die sogenannten "Arbeitnehmergesellschaften", bei denen die Migranten als Aktionäre Anteile erwerben (vgl. das ähnliche Modell in der Türkei). Hierzu wären 77 % der Befragten grundsätzlich bereit, davon 29 % ohne größere Bedingungen. Der Rest stellt als wichtigste Bedingungen:

- ein vertrauenswürdiger Partner muß vorhanden sein (50 %)
- man muß einen Arbeitsplatz in der Firma bekommen (23 %)
- man muß genug Eigenkapital haben (21 %)

Gerade die wichtigste dieser Bedingungen wird von jedem zweiten der Skeptiker, die sich *nicht* an einer derartigen Gesellschaft beteiligen würden (= 23 %), als Haupthinderungsgrund angeführt.

Wenig ist in der Migrationsforschung bisher bekannt über den Waren- und Gütertransfer im Rahmen der Rückwanderung. Erste Aufschlüsse darüber liefert folgende Aufstellung. Bei der Rückkehr aus der Bundesrepublik brachten mit

88 % Schwarz-weiß-Fernsehgerät
86 % Waschmaschine
76 % Kühlschrank
72 % elektrischer Küchenherd
66 % Möbel
58 % Stereoanlage
34 % Pkw
26 % Farb-Fernsehgerät
 4 % kleinen Lieferwagen
 1 % Lkw

Erwartungsgemäß werden in erster Linie elektrotechnische Geräte für den Haushalt, aber auch Demonstrationsobjekte wie Stereoanlagen oder Farbfernsehgeräte eingeführt. Der Import von Farbfernsehgeräten dürfte sich in letzter Zeit verstärkt haben, denn im Pretest, in dem *nur* Rückwanderer des Jahres 1979 befragt wurden, gaben sogar 59 % diese Position an (u.a. wohl auch wegen der kürzlichen Einführung des Farbfernsehens in Griechenland). Es muß ergänzt werden, daß all diese Geräte aufgrund eines hohen Importzolls in Griechenland im Normalfall ca. doppelt so teuer sind wie in der Bundesrepublik. Vergleichsweise wenige Remigranten führen bei der Rückkehr einen Pkw ein, was eben auch an der dann zu entrichtenden Zollsumme liegen mag. So teilte ein Befragter mit, er habe zwar einen Pkw mitgebracht, ihn dann aber der Zollbehörde übergeben, da die Zollbelastung zu hoch gewesen sei!

Wohnverhältnisse

Die durchschnittliche Haushaltsgröße beträgt 3,8 Personen, wobei die Kernfamilie (= Eltern und ggf. Kinder) die Regel ist (95 % der Fälle). Lediglich 22 % der Befragten wohnen in Mietwohnungen, der Rest bewohnt Eigentumswohnungen oder eigene Häuser, für deren Kauf in 73 % der Fälle ausschließlich die Ersparnisse aus der Emigrationszeit dienten. Die Wohnungen haben eine durchschnittliche Größe von 3 Zimmern und sind im Vergleich zu den Wohnungen vor der Emigration gut ausgestattet. So hatten *vor der Emigration*

35 % kein fließendes Wasser *in* der Wohnung
46 % keine Toilette *in* der Wohnung
69 % kein Bad
83 % keine Zentralheizung,

während *heute alle* Wohnungen über die ersten drei Ausstattungen sowie 88 % über Heizung verfügen.

Die Kinder der Rückwanderer

Lediglich 8 % der befragten Remigranten haben keine Kinder; mit den 226 Interviews wurden Daten über 411 Kinder erfaßt (was einen Durchschnitt von 2 Kindern pro Familie ergibt). Von diesen Kindern waren 76 % länger als ein Jahr in der Bundesrepublik, 18 % der Familien hatten gar keine Kinder in der Bundesrepublik. 19 % der Kinder gehen noch nicht zur Schule, während die anderen folgendes machen:

40 % Volksschule (dimotikon, 1. bis 6. Schuljahr)
18 % Gymnasium (7. bis 9. Schuljahr)
8 % Lykion (10. bis 12. Schuljahr)
2 % Universtität
11 % berufstätig / Militärdienst
1 % arbeitslos
(N = 406)

Auffällig ist die geringe Arbeitslosenquote, doch ist dies erklärbar durch den Anteil der sich Weiterbildenden (10 %), wodurch eine momentane Arbeitslosigkeit vermieden wird. Wenn man ferner bedenkt, daß die Arbeitslosigkeit 12 % der Berufstätigen ausmacht, wird das Ausmaß der Problematik klar!

Bei 35 % der Familien, die Kinder in der Bundesrepublik hatten (N = 169), gingen die Kinder in der Bundesrepublik nicht zur Schule, und nur 14 % besuchten rein deutschsprachige Schulen! 55 % der Eltern, die ihre Kinder in der Bundesrepublik hatten, sehen die Chancen für ein angenehmeres Leben für ihre Kinder in der Bundesrepublik, und zwar in erster Linie wegen der Arbeitsplatzsicherheit und der guten Ausbildung. 42 % der Eltern geben an, daß ihre Kinder nach der Rückkehr in Griechenland keine Probleme gehabt haben, 35 % dokumentieren Sprachprobleme der Kinder.

Bedürfnisse und Einstellungen der Rückwanderer

Etliche Fragen geben Aufschluß über Bedürfnisorientierungen und Einstellungen der Remigranten. So wurde z.B. gefragt, wofür in erster Linie das Einkommen verwendet werden sollte. Es gaben an:

95 % für eine gute Ausbildung der Kinder
82 % zur (ökonomischen) Absicherung des Lebens
77 % für ein angenehmes Leben ("damit ich mir etwas leisten kann")
47 % zum Haus- oder Wohnungserwerb

Beeindruckend ist wieder einmal, wie stark die Kinder die Entscheidungen der Eltern dominieren. Ferner überrascht die niedrige Priorität des Hauserwerbs, die aber wohl so zu erklären ist, daß die Mehrheit der Befragten bereits Immobilienbesitzer ist, so daß diese Ausrichtung *nicht mehr* als so relevant erachtet wird.

83 % geben an, daß sich ihre Einstellungen (Mentalität, Gewohnheiten) durch die Migration verändert haben. Die weniger materielle Ausrichtung der mediterranen Mentalität prägt jedoch weiterhin die Remigranten, wenn 80 % betonen, man müsse sein Familienleben in Ordnung halten und gute Freunde haben, während nur 18 % angeben, man müsse im Leben möglichst viel Geld verdienen.

Erstaunlich hoch ist der Anteil derjenigen, die behaupten, in der gegenwärtigen Gesellschaft müsse man sich zuerst um seine eigenen Interessen kümmern, und die könne man am besten *allein* durchsetzen (45 %), während 54 % meinen, man müsse sich *mit anderen zusammenschließen*, um seine Interessen durchzusetzen. 91 % (!) stimmen der Meinung zu, daß der griechische Staat von den Mächtigen dirigiert wird und der einfache Bürger keinen Einfluß auf das Geschehen habe.

Auf die Frage, was eine Institution zur Reintegrationshilfe den Rückwanderern bieten müsse, wurden als wichtigste folgende fünf Punkte genannt (offene Frage):

85 % eine Arbeitsstelle vermitteln
34 % bei Schulproblemen der Kinder helfen
17 % allgemein Reintegrationshilfen geben
15 % Informationen über Rechte und Ansprüche der Rückwanderer geben
13 % eine Wohnung vermitteln

Hingegen erwarten die Remigranten vom griechischen Staat in erster Linie folgende Hilfen (vorgelegte Liste mit Kategorien):

76 % eine Arbeitsstelle vermitteln
39 % bei Schulproblemen der Kinder helfen
39 % das Sozialversicherungssystem verbessern
12 % Informationen über Rechte und Ansprüche der Rückwanderer geben
9 % Kredite für den Aufbau einer selbständigen Existenz

In beiden Fällen rangiert die Arbeitsplatzvermittlung ganz oben auf der Prioritätenskala, was einmal mehr die Beschäftigungsproblematik zurückkehrender Arbeitsemigranten verdeutlicht.

Den Rückkehrern wurde eine Reihe von Gegebenheiten in der Bundesrepublik genannt, die sie mit den entsprechenden Zuständen in Griechenland im Vergleich bewerten sollten. Danach wurde von ... % folgendes in der Bundesrepublik Deutschland besser bewertet:

99 % das Sozialversicherungssystem
98 % die Bezahlung
96 % die Gewerkschaften
94 % der Umgang mit Behörden und Ämtern
93 % die berufliche Situation
86 % die Arbeitsbedingungen (Lärm, Gesundheit, etc.)
76 % die Erziehung der Kinder
60 % die zwischenmenschlichen Beziehungen
44 % das Verhältnis zwischen Mann und Frau

Auf den ersten Blick ersichtlich fallen die Bewertungen der Bereiche des Arbeits- und öffentlichen Lebens am besten aus, während ein starker Abfall in den letzten drei, den zwischenmenschlichen Bereichen auftritt (was durch die Mentalitäts- und Kulturunterschiede leicht zu erklären ist).

Anmerkung

Mit den oben dargestellten Häufigkeitsverteilungen konnte nur ein Teil der die gesamten Variablen umfassenden Ergebnisse skizziert werden. Zweck dieses Beitrags ist es, auf die wichtigsten und interessantesten Tendenzen der Untersuchung aufmerksam zu machen, die sich noch verstärken dürften, wenn die gesamte Auswertung der 574 Interviews vorliegt, wobei insbesondere der Vergleich zwischen den drei Städten Athen, Thessaloniki und Serres sowie weitere Variablenkonstruktionen und die dann anzufertigende Korrelationsanalyse tiefergreifendere Erkenntnisse des Remigrationsprozesses in urbanen Regionen Griechenlands ermöglichen werden. An dieser Stelle sollten insofern keine Interpretationen, sondern lediglich Eindrücke vermittelt werden.

Quelle: StBA: Länderkurzbericht Griechenland 1977, S. 4.

aus GECK (1979): Die griechische Arbeitsmigration, Königstein

Peter Kammerer

REINTEGRATIONSPROBLEME VON RÜCKWANDERERN IN MONOPOLI
(APULIEN)
(Vorläufige Ergebnisse einer empirischen Untersuchung)

1. Ortsbeschreibung von Monopoli

Monopoli liegt 50 km südlich von Bari und hatte bei der Volkszählung 1971 eine Erwerbsbevölkerung von 13.378 Personen bei einer Einwohnerzahl von 40.487 (die Erwerbsquote von 33 % entspricht dem Durchschnitt der Region Apulien, 32,7 %). 41,2 % der Erwerbsbevölkerung war in der Landwirtschaft, 25,2 % in der Industrie und im Bausektor, 33,6 % im Tertiärsektor tätig. Bis zum Jahre 1980 ist die Einwohnerzahl auf 44.000 angestiegen.

Die Landwirtschaft spielt für die Beschäftigung in Monopoli eine überdurchschnittliche Rolle. Ein Drittel der Einwohner lebt in Streusiedlungen und Weilern auf dem Land. Es gibt kein Latifundium und mit wenigen Ausnahmen ist der Boden in der Hand kleiner Eigentümer. Der Agrarzensus des Jahres 1970 zählte 3.491 Betriebe mit einer Durchschnittsgröße von 4,2 ha. 274 Betriebe werden mit Hilfe von Lohnarbeitern geführt (vom Eigentümer oder von Pächtern), 3.217 Betriebe kommen hingegen in der Regel ohne fremde Arbeitskräfte aus. Von diesen können höchstens 400 als Familienbetriebe mit einer ausreichenden Existenzgrundlage gelten *(Coltivatori diretti)*. Die große Mehrzahl der kleinen Eigentümer fällt in die Kategorie der *Braccianti*, der Tagelöhner und Landarbeiter. Im Arbeitsamt von Monopoli sind 1.530 Männer und 3.836 Frauen als *Braccianti* eingeschrieben. Viele Männer arbeiten in der Stadt auf dem Bau und in Industriebetrieben. Landarbeiter ohne Grundbesitz in der Familie sind selten (dies ist ein wichtiger Unterschied zu den Gegenden des Latifundiums in den Provinzen Foggia und Lecce). Die starke weibliche Beschäftigung unter den Landarbeitern erklärt sich aus dem Bedarf an weiblicher Saisonarbeit während der Mandel- und Olivenernte und zur Verpackung von Früchten und Gemüse.

Monopoli ist aber auch Hafenstadt und verfügt über eine kleine, wirtschaftlich nicht unbedeutende Fischereiflotte. Auch das Meer und nicht nur das bäuerliche Hinterland prägt die soziale Struktur der Stadt. Monopoli ist immer noch eine Handelsstadt mit stark levantinischen Zügen. Außerdem ist die Seefahrt eine wichtige Entlastung des örtlichen Arbeitsmarkts. Sie bietet einem jungen Monopolitaner ähnliche "Chancen" (Arbeitsbedingungen und Verdienst) wie die Auswanderung nach Übersee oder in die europäischen Industriebetriebe. "Auch das Anheuern auf fremden Schiffen ist eine Art Arbeitsemigration" (Interview Russo).

Stark entwickelt hat sich mit dem Konsumboom der 50er Jahre ein lukrativer ambulanter Handel, der große Teile Süditaliens mit Haushaltswaren, Einrichtungen, Wäsche usw. beliefert und zwischen 500 und 1.000 Menschen beschäftigt. Zum Teil mit diesem Handel verbunden ist die Textilproduktion in Heimarbeit. Außer aus einem alten Zementwerk (heute 150 Beschäftigte) bestand die monopolitanische Industrie bis zur Mitte der 60er Jahre nur aus Heimarbeit und Handwerk. Mitte der 60er Jahre gründete ein norditalienisches Unternehmen ein Zweigwerk in Monopoli (Keramikindustrie, heute mit 600 Beschäftigten). Die Rivoli, ein Unternehmen, das Bauteile vorfabriziert, erreichte aus kleinen Anfängen eine Größenordnung von 250 bis 300 Beschäftigten und weitere 35/40 Betriebe bewegen sich heute im Grenzbereich zwischen Kleinindustrie und Industrie, in der Größenklasse zwischen 10 und 100 Beschäftigten. In diesen Betrieben arbeiten gegenwärtig 1.000/1.200 Personen. Seit dem Ende der 60er Jahre entstanden im Süden von Monopoli auch Hotels und Gaststätten am Meer, die im Sommer vorwiegend Jugendlichen Beschäftigungschancen bieten.

Seit Kriegsende regieren mit über 40 % der Stimmen die Christdemokraten die Gemeinde, meist in Koalition mit den kleinen, bürgerlichen Parteien. Die Arbeiterparteien haben nie eine wirkliche Rolle gespielt und bei den letzten Komunalwahlen (1980) sank der Stimmanteil der Kommunisten auf 10 % (was auch für Süditalien eine Ausnahme darstellt).

Den Kern der christdemokratischen Wählerschaft bilden die Kleinbauern auf dem Land, den der kleinen, bürgerlichen Parteien bildet der *"levantinische"* Handel mit seinem Anhang. Auch die für süditalienische Verhältnisse bedeutende Konzentration von 1.000 Beschäftigten in zwei Betrieben hat diesen mittelständischen, sozialen Frieden keineswegs beeinträchtigt. Die Arbeiter dieser Betriebe stammen zu einem großen Teil vom Land und sind durch Haus- oder Grundbesitz immer noch mit dem Land verbunden. Dieser Verbindung ist zuzuschreiben, daß "Monopoli eine ruhige und glückliche Stadt ohne besondere Probleme immer war und heute noch ist" (Interview mit dem Bürgermeister Dr. Laganà).

Wie haben sich diejenigen, die in den 50er und 60er Jahren auswandern mußten und in den 70er Jahren zurückkehrten, in die "glücklichen Verhältnisse" Monopolis reintegriert?

2. *Auswanderung und Rückwanderung*

Im Jahre 1861 hatte Monopoli 16.486 Einwohner. Trotz ständiger Abwanderung, die gegen Ende des vorigen Jahrhunderts einsetzte, verzeichnete die Stadt eine kontinuierliche Bevölkerungsexpansion. Auch in der Region Apulien insgesamt und in der Provinz Bari hat das natürliche Bevölkerungswachstum immer den negativen Wanderungssaldo übertroffen (im Gegensatz z.B. zu den Regionen Abruzzen, Molise, Basilicata, in denen aufgrund der Abwanderung die Bevölkerungszahl in bestimmten Perioden absolut zurückging). Im Jahrzehnt zwischen den Volkszählungen 1961 bis 1971 betrug das natürliche Bevölkerungswachstum in Monopoli + 16,2 % (Provinz Bari + 15,5 %), der Abwanderungssaldo lag bei - 7,1 % (Provinz Bari - 8,6 %), so daß die Bevölkerung in Monopoli um 9,1 % (Provinz Bari 6,9 %) zunahm.

In Italien gibt es zwei statistische Reihen, die das Phänomen der Auswanderung wiedergeben sollen: die Daten der Ab- und Anmeldungen bei den Einwohnermeldeämtern (die die Auswanderung ins Ausland stark unterschätzen, da viele Auswanderer ihren Wohnsitz im Heimatort beibehalten) und die Daten der seit 1964 von den Gemeinden geführten Wandererkarteien (AIRE).

Aufgrund der An- und Abmeldungen beim Einwohnermeldeamt Monopoli *(iscrizioni e cancellazioni anagrafiche)* ergibt sich folgendes, grobes Bild der Auswanderung und Rückwanderung Monopolis.

In den Jahren starker Auswanderung 1962 bis 1972 meldeten sich ins Ausland im Jahresdurchschnitt 235 Personen ab (aus der Provinz Bari ca. 4.000) und 120 Personen meldeten sich zurück (Provinz Bari ca. 2.200). Ab 1973 verzeichneten die Abmeldungen ins Ausland einen plötzlichen und nachhaltigen Rückgang auf 100 Personen im Jahresdurchschnitt 1973 bis 1980 (Provinz Bari 2.300), während die Rückmeldungen sprunghaft anstiegen (Monopoli: 175, Provinz Bari: 3.300).

Im Verhältnis zu den Einwohnerzahlen (Monopoli im Jahre 1971 ca. 40.000 Einwohner, Provinz Bari ca. 1.350.000) mögen diese Zahlen gering erscheinen, aber der kontinuierliche, endemische Abfluß von Menschen summiert sich: 3.500 Bürger von Monopoli lebten 1980 im Ausland. Die Zahl der nach 1958 aus dem Ausland Zurückgekehrten und nicht wieder Ausgewanderten liegt bei 2.400 (laut Rückkehrerkartei der AIRE). Wenn man diese Zahlen, die weitgehend Personen im erwerbstätigen Alter betreffen, in Beziehung zur Erwerbsbevölkerung setzt (13.500 im Jahre 1971), läßt sich sagen, daß etwa ein Viertel der Erwerbspersonen in Monopoli die Erfahrung einer Auswanderung gemacht hat. Diese grobe und hier nicht weiter statistisch belegte Schätzung entspricht den Erfahrungen, die wir mit Zahlen und Menschen in Monopoli gemacht haben.

Die wenigen hier angeführten Zahlen müssen noch durch folgende Angaben ergänzt werden: Höhepunkte der Auswanderung waren die Jahre 1963 bis 1965 und in geringerem Ausmaß 1971/72. Eine besonders massive Rückkehr verzeichnen hingegen die Jahre 1975 und 1976.

Der Saldo der Binnenwanderung lag in den Jahren 1962 bis 1970 in Monopoli nur geringfügig über dem der Auslandsauswanderung (1.037 gegenüber 989). In der Provinz Bari hingegen überwiegt eindeutig die Binnenabwanderung gegenüber der Auslandsauswanderung (ein Saldo von 63.766 gegenüber einem Saldo von 17.812).

Zusammenfassend läßt sich sagen: die Bevölkerungsentwicklung der Gemeinde Monopoli ist dynamischer, als die der Provinz Bari. Die Bevölkerungsverluste durch Wanderung sind geringer, aber die Komponente Auslandsauswanderung spielt innerhalb dieses Rahmens eine überdurchschnittliche Rolle. Die Zahlen des Einwohnermeldeamtes über Abwanderung und Zuwanderung liegen mit Ausnahme weniger Jahre sehr niedrig, aber sie summieren sich. In der Tat gibt es in den meisten Familien Erfahrungen mit dem Phänomen der Arbeitsemigration. Nach 1973 wurde der Saldo der Auswanderung ins Ausland positiv, aber wie auch im übrigen Süditalien gibt es trotz der starken Zunahme der Rückkehrer immer noch Abwanderungen ins Ausland.

3. Ziel der Untersuchung

Eine während des Rückkehrerbooms 1975/76 in Apulien durchgeführte kleine Befragung von Rückwanderern durch das EMIM *(Emigrazione-Immigrazione, Centro Studi, Roma)* sprach vom "Schock der Rückkehr", von der Rückkehr als "zweiter Auswanderung" und von einer völlig ineffizienten Reintegrationspolitik der Region Apulien. Seitdem ist die Rückkehr von Auswanderern zahlenmäßig etwas zurückgegangen, die süditalienischen Regionen haben neue Konzeptionen einer "Reintegrationspolitik" entworfen, während die Beschäftigungskrise vor allem in Süditalien zu einem Dauerzustand geworden ist. Auf diesem Hintergrund sollte die Analyse der Integrationsprobleme von Rückwanderern Erkenntnisse vermitteln über den Zusammenhang von Auswanderung, Rückkehr und wirtschaftliche Entwicklung und Aufschluß geben über Fragen wie: inwieweit werden Rückkehrer aufgrund ihrer gewonnenen Erfahrungen zu Veränderern der alten Umwelt? Welche Schwierigkeiten der Reintegration ergeben sich? Welche Position nehmen die Rückwanderer auf dem süditalienischen Arbeitsmarkt ein? Inwieweit unterstützt die Reintegrationspolitik der Regionen eine "produktive" Rückkehr der Auswanderer? Wie werden sich Aus- und Rückwanderung in Zukunft entwickeln?

Monopoli bietet insofern ein interessantes Feld für die Untersuchung dieser Fragen, als die Größe der Gemeinde und ihre komplexe Wirtschaftsstruktur Rückwanderern eine reale Chance der Reintegration und der Partizipation am Wirtschaftsaufschwung geben müßten. Die Gemeinde ist nicht durch Auswanderung wirtschaftlich und sozial ausgeblutet. Sie liegt nicht abseits im Bergland, sondern an der Küste, in der Nähe von Entwicklungspolen wie Bari, Brindisi und Tarent. Die Probleme der Reintegration in Monopoli stehen also für die Probleme, die in den entwickelteren Gebieten des Mezzogiorno zu lösen sind, in die ein nicht unbedeutender Teil der Rückwanderung fließt. (In den apulischen Provinzen Foggia, Bari und Brindisi kommt ca. 50 % der Auswanderer aus Gemeinden mit über 30.000 Einwohnern.) Die Untersuchung der Rückwanderung in einer wirtschaftlich dynamischen, mittleren Gemeinde wirft außerdem auch ein Licht auf die Art der Entwicklung, die in großen Teilen Süditaliens Ende der 60er Jahre in Gang gekommen ist.

Es entspricht dieser Fragestellung, daß die Untersuchung sich ausschließlich auf die Reintegrationsproblematik von Erwerbspersonen beschränkt.

4. Untersuchungsschritte und erste Ergebnisse

Die Auswertung der Rückkehrerkartei des Einwohnermeldeamtes Monopoli (*Registro AIRE, sezione I.*) sollte Aufschluß geben über einige Strukturdaten der Rückwanderung nach Monopoli. Im Dezember 1979 waren in der Kartei 2.400 Rückkehrer erfaßt, die sich zu diesem Zeitpunkt in Monopoli aufhielten. Ein aus dem Sechstel der Karten gebildetes Sample ergibt folgendes Bild: 60 % der Rückwanderer sind Männer, 40 % Frauen. 6 % sind über 60 Jahre alt, 13,8 % sind Kinder und Jugendliche unter 18 Jahren. Je jünger die Rückkehrer sind, desto höher steigt der Anteil der Frauen (in der Altersklasse der 20 bis 30 Jährigen auf 48 %).

30 % der erfaßten Fälle kam vor 1973 zurück, 47 % zwischen 1973 und
1977, 23 % in den Jahren 1977 bis 1979. Die Aufenthaltsdauer im Ausland betrug bei 16,7 % über 10 Jahre, bei 17,5 % zwischen 5 und 10
Jahren, bei 24,4 % zwischen 2 und 4 Jahren, bei 41,4 % unter 2 Jahren
(davon 13,3 % unter 6 Monaten). Starke Konzentration der Rückwanderung aus Ländern wie die Schweiz, die Bundesrepublik Deutschland und
Luxemburg. Die Hälfte aller Rückkehrer hatte einmal oder wiederholt
versucht, in Monopoli Fuß zu fassen, mußte aber erneut auswandern.

Diese Daten entsprechen in ihrer allgemeinen Tendenz den Strukturmerkmalen der italienischen Aus- und Rückwanderung: zunehmende Familienzusammenführung und Familienrückwanderung, zunehmender Anteil von
Frauen und Jugendlichen, zunehmende Bedeutung der europäischen, abnehmende Bedeutung der überseeischen Auswanderung. Die Tatsache,
daß ein hoher Anteil von Rückkehrern aus nichtsaisonalen Mehrfachwanderen besteht, läßt auf schwierige Integrationsbedingungen in Monopoli
schließen, während der zunehmende Anteil von Frauen und Kindern auf
eine immer vielseitigere Integrationsproblematik hinweist.

Da Zweifel bestanden über die Zuverlässigkeit der Rückkehrerkartei und
des übrigen statistischen Materials der Gemeinde, wurden die Daten des
Samples anhand von 70 Kurzbefragungen überprüft. In der Tat ergaben
sich Fehler, die auf die Erhebungsweise der Daten und auf die allgemeine Arbeitsweise der Einwohnermeldeämter in Süditalien zurückzuführen
sind. Insbesondere verursachen in unregelmäßiger Folge und auf höhere
Weisung hin vorgenommene Korrekturen der Arbeitsweise der Ämter Brüche in den Zahlenreihen, die es unmöglich machen, ein zuverlässiges
Bild der zeitlichen Entwicklung von Auswanderung und Rückwanderung
zu gewinnen.

Die 70 Kurzbefragungen verfolgten ferner das Ziel, unser Vorwissen und
unsere Arbeitshypothesen über die hauptsächlichen Reintegrationsschwierigkeiten der Rückkehrer zu überprüfen und zu erweitern.

Es ergab sich, daß der wichtigste Grund für die Auswanderung, das Fehlen eines geeigneten Arbeitsplatzes, auch jetzt wieder, bei der Rückkehr, das zentrale Problem darstellt. Es folgen familiäre Probleme, insbesondere Ausbildungsprobleme der Kinder nach der Rückkehr. Außerdem wurde klar, daß die Rückkehrproblematik von Frauen sich nicht losgelöst vom Familienkontext nur über die Arbeitsproblematik definieren läßt (die meisten Frauen "verschwinden" wieder in der Familie, trotz positiver Arbeitserfahrungen im Ausland). Diese besondere Problematik bleibt im vorliegenden Text ausgeklammert.

Folgendes Bild ergab sich aus den Kurzbefragungen und flankierenden Experteninterviews über den Zusammenhang von Auswanderung/Rückwanderung - Wohnungsfrage - Arbeitsplatz - Familie - Reintegration.

Der verpaßte Zug: Die Freisetzung von Arbeitskräften in den 50er und 60er Jahren hat in Monopoli Landarbeiter und kleine Bauern, Handwerker und Kleinhändler betroffen. Die Auswanderung erfolgte, um für einen Hauskauf zu sparen, um Schulden zu bezahlen oder einfach, um einen festen Arbeitsplatz zu finden. Fast alle Rückkehrer blieben mit Monopoli durch eigenen, kleinen Immobilienbesitz (ein Haus, ein Stück Land) oder durch das Ziel des Wohnungskaufs verbunden. Die Mehrzahl der Rückwanderer hat das Sparziel einer schönen Wohnung oder eines renovierten Hauses usw. erreicht. Und doch ist für die meisten der Befragten die Rechnung nicht ganz aufgegangen. Der Konsumverzicht und die großen Opfer, die zu erbringen waren, fielen schwerer, als viele es sich gedacht hatten, zumal vergleichbare Familien, die in Monopoli geblieben waren, das gleiche Ziel bei anscheinend steigendem Konsum und unter geringeren Opfern erreichen konnten. Zumindest sehen das die Rückkehrer so. Die meisten von ihnen haben das Gefühl, einen Zug verpaßt zu haben, den Zug, der Monopoli gerade in jener Periode, in der sie im Ausland waren, aus der Armut der 50er Jahre herausgeführt hat. Wie weit dieses Gefühl des verpaßten Zugs der Realität entspricht oder optische Täuschung ist, läßt sich beim derzeitigen Stand der Untersuchung nicht sagen.

Der Zugang zum Arbeitsmarkt: Es gibt in Monopoli keinen funktionierenden, formellen Arbeitsmarkt. Kein einziger der über 150 kontaktierten Rückwanderer (die wir insgesamt im Laufe der Untersuchung befragt hatten) hat seine Arbeit über das lokale Arbeitsamt gefunden. "Wer sich vor der Arbeit drücken will, geht zum Arbeitsamt", lautet die häufigste Aussage. Das Arbeitsamt beschränkt seine Tätigkeit darauf, die privat gefundene Arbeit anschließend regulär zu "vermitteln". Nur bei besonderen Anlässen, z.B. bei massiver Nachfrage nach Saisonarbeit, tritt es aktiv als Vermittler auf den Plan. Doch bei vielen, auch längeren Arbeitsverhältnissen, wird das Arbeitsamt nicht einmal nachträglich eingeschaltet. In der Landwirtschaft, auf dem Bau und in den kleinen Industriebetrieben ist monatelange Schwarzarbeit nichts Unübliches.

Angebot und Nachfrage nach Arbeit treffen sich also "privat", nicht mehr wie noch vor 30 Jahren auf der *Piazza Garibaldi*, sondern in einem verzweigten, informellen Netz von Bekanntschaften. Der Arbeitssuchende muß in den *"giro"* (den "Kreis") eintreten, muß sich in der *"ruota"*, (dem "Rad") über kleine Arbeiten zur festen Arbeitsstelle hocharbeiten, muß einen Gewährsmann finden, der für ihn garantiert *("chi garantisce")*. Je mehr der Arbeitssuchende an eigenen Beziehungen, an Geld (auch Arbeitsplatzkauf ist keine Seltenheit), überhaupt an eigenem Rückhalt (eine wichtige Rolle spielen in diesem Zusammenhang Rentenansprüche) einbringen kann, desto stärker ist seine Position auf dem Arbeitsmarkt.

Die Rolle der Familie: Unter diesen Bedingungen ist die verzweigte Großfamilie, die das soziale Leben Monopolis beherrscht, kein funktionsloses Überbleibsel, sondern von vitaler Bedeutung. Schon während der Auswanderung hat ein Einzelwanderer keine Chancen, sein Sparziel zu erreichen. Erst das Nachholen mehrerer Familienmitglieder, die gemeinsam arbeiten und sparen, ermöglicht nennenswerte Ersparnisse (vor allem, wenn dadurch die Kosten eines doppelten Haushalts vermieden werden können). Eine Kernfamilie, die sich nach der Rückkehr nicht auf das Netz einer größeren Familie stützen kann und die alten und neuen Beziehungen erst wieder aufbauen muß, leidet unter einem Handicap, das die ganze Reintegration in Frage stellt. Die bitterste Erfahrung des Rückkehrers ist die, aus dem *"giro"* ausgeschlossen zu sein, nicht mehr "im Spiel" zu sein.

Unter diesem Aspekt wird auch die Hartnäckigkeit verständlich, mit der die Auswanderer und Rückkehrer das Ziel einer oft überflüssig ausgestatteten, eigenen Wohnung verfolgen. Das eigene Haus vermittelt Sicherheit, ermöglicht dem Arbeitssuchenden abzuwarten, bis ein *"giro"* sich eröffnet, ist aber nicht nur materielle Basis, sondern auch der Ort, der zum Symbol familiärer Beziehungen wird. Das "eigene Heim" der Emigranten ist das Mausoleum der Familie.

Arbeitssuche als Disziplinierung: Die im Ausland gemachte Erfahrung eines formellen, weitgehend anonymen Arbeitsmarktes und weitgehender Arbeitsplatzsicherheit bildet den größten Kontrast zum Leben in Monopoli. Nicht allen fällt es leicht, in die Geleise persönlicher Abhängigheiten zurückzukehren. Doch die Arbeitssuche diszipliniert. Die private Suche nach Arbeit ist ein ständiger Lern- und Anpassungsprozeß, dem der Suchende unterworfen wird. Nach dem Erfolg der Suche bleibt die Dankbarkeit, die Verpflichtung gegenüber der Familie und "Freunden". Unter diesem Aspekt wird verständlich, warum viele Rückwanderer unten den positiven Erfahrungen im Ausland die "Klarheit und Einfachheit der menschlichen Beziehungen" hervorgehoben haben.

Qualität der nachgefragten Arbeit: Erst eine Analyse der Wirtschaftsentwicklung in Monopoli kann zeigen, warum die Privatisierung des Arbeitsmarkts funktioniert und sich immer wieder durchsetzt. Eine solche Analyse vermittelt auch Aufschlüsse darüber, welche Art von Arbeitskraft nachgefragt wird und welche Arbeitsbedingungen geboten werden. In der Landwirtschaft hat die private Arbeitsvermittlung, vor allem unqualifizierter Arbeit *(Caporalato)* eine lange Tradition, die trotz zahlreicher, öffentlicher und gewerkschaftlicher Eingriffe (auch Strafverfolgung) fortbesteht. Qualifizierte Tätigkeiten in den großen Gärtnereien und Arbeiten wie das Schneiden von Ölbäumen und Reben sind "Vertrauenssache" und werden daher ebenfalls privat, meist in direkter Beziehung zwischen den Kontrahenten ausgehandelt. Von den unqualifizierten

Arbeitskräften werden in der Regel Eigenschaften wie Beweglichkeit, Anpassungsfähigkeit, Bereitschaft zu schweren Arbeiten und Elastizität des Arbeitseinsatzes (Überstunden, aber auch Kurzarbeit ohne Lohnausgleich) verlangt. Die gleichen Qualitäten werden in der Industrie gefordert. In den kleinen Familienbetrieben werden die qualifizierten Arbeiten von Familienmitgliedern ausgeführt. In den wenigen Großbetrieben besteht nur geringer Bedarf an qualifizierter Arbeit, der durch Auslese aus der eigenen Belegschaft gedeckt wird. Qualifikation und Berufsausbildung bzw. die damit verbundenen "Ansprüche" des Arbeitssuchenden, werden zu einem Handicap (sagte ein Rückkehrer, der bei der Rivoli als einfacher Arbeiter schließlich eingestellt wurde).

Eine explorative Paralleluntersuchung auf dem Arbeitsmarkt für Jugendliche in Monopoli hat ergeben, daß sich Rückkehrer leichter an die Arbeitsbedingungen in Monopoli anpassen, als Jugendliche mit Schulabschluß oder Berufsausbildung, die zu einem hohen Prozentsatz arbeitslos bleiben. Arbeitslose Rückkehrer sind in der Tat eine Ausnahme.

Mobilität: Rückkehrer, die aus der Landwirtschaft ausgewandert sind, kehren nach einer Industriebeschäftigung im Ausland in der Regel wieder in die Landwirtschaft zurück. Bauarbeiter bleiben bei ihrer Tätigkeit, sowohl im Ausland, als auch nach ihrer Rückkehr. Ein Teil der ausgewanderten Handwerker und Gewerbetreibenden versucht nach einer Industrieerfahrung im Ausland, nach der Rückkehr, in der Industrie unterzukommen. Ein anderer Teil der nichtlandwirtschaftlichen Arbeitskräfte sucht sich eine Tätigkeit als selbständiger Handwerker (Karosserien) oder im Tertiärsektor, vorwiegend im Handel und zum größten Teil im ambulanten Handel, der, wie gesagt, in Monopoli eine große Rolle spielt. Eine selbständige Tätigkeit wählen vor allem zwei Kategorien von Personen: wer keine andere, feste Arbeit findet und wer genug materiellen und sozialen Rückhalt hat, um die Arbeitsbedingungen der abhängig Beschäftigten abzulehnen. Die zweite Gruppe ist dynamischer als die erste und ihre Mitglieder erzielen einen gewissen Aufstieg, aber für beide Kategorien gilt, daß der Entschluß zur Selbständigkeit mangels anderer Alternativen zustande kam, und daß die Wahl der unternehmerischen Tätigkeiten zufällig erfolgt. "Eine Gelegenheit wird beim Schopf gepackt" (Interview

Ippolito). Ob Metzger, Inhaber einer Reinigung, eines Transportunternehmens, eines Textilgeschäftes oder ob selbständiger Handelsvertreter: in keinem Fall war für die Wahl der Tätigkeit eine spezifische Vorbildung entscheidend. Lediglich die selbständigen Handwerker bilden hier eine Ausnahme, die zahlenmäßig wenig ins Gewicht fällt.

Mit den Abschnitten über "Mobilität" und "Qualität der nachgefragten Arbeit" wurden sehr lückenhaft Ergebnisse angedeutet, die erst nach der Auswertung des insgesamt vorliegenden Materials vollständig und als gesicherte Erkenntnis dargestellt werden können.

Das aus den 70 Kurzbefragungen und ersten Experteninterviews gewonnene Wissen diente dazu, einen Frageleitfaden für offene Interviews mit 50, aus unserem Sample nach systematischen Kriterien ausgewählten Rückkehrern zu entwerfen. Das biografisch orientierte Interview (von durchschnittlich 2 Stunden Länge) erwies sich als ein geeignetes Instrument, um Erkenntnisse über die vielfältige Struktur des informellen Arbeitsmarktes und der Arbeitsbedingungen in den verschiedenen Bereichen der monopolitanischen Wirtschaft zu sammeln. Zusätzliche Experteninterviews gewähren einen Einblick in die Art und Weise, wie Kapital und Arbeit in verschiedenen Sektoren der monopolitanischen Wirtschaft eingesetzt werden. Aufgrund dieses Materials wird der Schlußbericht der Untersuchung über die Reintegrationsprobleme von Rückwanderern in einer aufstrebenden, süditalienischen Kleinstadt, die hier vorgelegten vorläufigen Untersuchungsergebnisse sicherlich noch geringfügig modifizieren. Auf jeden Fall wird er sie aber erweitern und vertiefen[1].

---

1) Autoren des Schlußberichts sind Günter Bechtle, Karin Bechtle, Stefan Heiner, Peter Kammerer und Giambattista Tomasone.

5. Exkurs: Maßnahmen der Region Apulien zur Reintegration von Rückwanderern

Parallel zur Kurzbefragung wurden Experteninterviews zur regionalen Auswanderungs- bzw. Reintegrationspolitik gemacht. Die auf diesem Gebiet von der Region Apulien getroffenen Maßnahmen sind im Verhältnis zu denen anderer Regionen vorbildlich ausgebaut und betreffen vier Bereiche:

a) Die inzwischen an die Gemeinden delegierten, unmittelbaren Unterstützungsmaßnahmen, d.h. einmalige Zuschüsse zu den Umzugskosten und zur Rückführung von im Ausland Verstorbenen und Stipendien für Kinder von Auswanderern und Rückkehrern.

b) Subventionen zum Bau und zum Kauf von Eigentumswohnungen und Mietbeihilfen.

c) Förderung der "produktiven" Rückkehr durch Kapitalzuschüsse und Darlehen beim Aufbau einer selbständigen Tätigkeit.

d) Finanzielle Förderung der Emigrantenorganisationen aller Parteien und Pflege kultureller Kontakte (Auslandsreisen von Bürgermeistern, Bischöfen, Politikern usw.).

Die unter a) angeführte Maßnahme wirkt nach dem Gießkannenprinzip und bringt den Rückkehrern einen einmaligen "Trostpreis" von etwa 600 DM pro Familie. Die politische Bedeutung dieser "Ausschüttung" besteht darin, daß der Rückkehrer wieder Kontakt aufnimmt mit der Bürokratie und dem Establishment seines Heimatorts, er "muß sich an jemand wenden" (Interview De Lucia) und nimmt so alte, politische Verbindungen wieder auf. Unter unseren Befragten kamen in der Regel nur diejenigen in den Genuß eines Zuschusses, die "von jemand" informiert wurden oder sich "an jemand" wandten. Der Lotterie- und Klientelcharakter dieser Politik ist noch offensichtlicher bei den unter b) angeführten Reintegrationshilfen. Es gibt keine eindeutigen Kriterien für die Verteilung dieser Subventionen und damit auch kein Recht, das der Antragsteller geltend machen könnte (falls er die Kraft besäße, etwas geltend machen zu wollen!). Kommissionen verhandeln hinter verschlossenen Türen und die begrenzten Mittel werden weitgehend nach Klientelgesichtspunkten vergeben. Die Mittel zur Förderung der "produktiven" Rückkehr (Punkt c) sind bisher völlig ungenutzt geblieben. Hier gibt es außerdem Überschneidungen und Kompetenzschwierigkeiten mit der regionalen Landwirtschaftspolitik, mit der Politik zur Förderung des Handwerks usw.. Voll genutzt hingegen werden die Mittel, die für die Emigrantenorganisationen und kulturelle Kontakte zur Verfügung stehen. Da diese Mittel im wesentlichen von den Parteien untereinander aufgeteilt werden und vor allem zur Kontrolle ihrer Wählerschaft dienen, sind Zweifel über die Nützlichkeit dieser Ausgaben im Hinblick auf die Reintegration von Rückwanderern angebracht.

Günter Mertins

RÜCKWANDERUNG SPANISCHER ARBEITNEHMER AUS DEM EUROPÄISCHEN AUSLAND. RÄUMLICHES VERTEILUNGSMUSTER UND INVESTITIONSVERHALTEN IN SPANIEN

1. Vorbemerkung

Die folgenden Ausführungen beziehen sich auf den zweiten, noch nicht abgeschlossenen Teil des von der Stiftung Volkswagenwerk geförderten Forschungsprojektes "Auswirkungen der Ab- und Rückwanderung spanischer Arbeitnehmer auf die Bevölkerungs-, Siedlungs- und Wirtschaftsstruktur der Herkunfts- und Zielgebiete" und haben vorläufigen, thesenartig-tendenziellen Charakter.[1] Sie umfassen drei Bereiche:

a) Rückwanderung, Rückwanderungsgründe und zukünftige Rückwanderung spanischer Arbeitnehmer;
b) räumliches Verteilungsmuster der Remigranten in Spanien;
c) Investitionsverhalten der Remigranten.

Da zwischen diesen drei Komplexen mannigfache Wechselbeziehungen bestehen, sind sie nicht isoliert zu sehen. Die Problembereiche der Reintegration bzw. der Reintegrationsmöglichkeiten werden hier nicht behandelt. Damit haben sich u.a. zwei umfangreiche spanische Projekte beschäftigt; vgl. die Veröffentlichung der ersten Ergebnisse bei CASTILLO CASTILLO (1980), CAZORLA PEREZ/GREGORY/NETO (1979) und CAZORLA PEREZ (1980).

---

1) Ich danke der Stiftung Volkswagenwerk für die Bereitstellung der entsprechenden Mittel; weiterhin danke ich Herrn Dr. J. LEIB für gute Zusammenarbeit und kritische Diskussionen sowie meinen Mitarbeitern Blanca AZCARATE LUXAN, Winfried BÄHRSCH, Jutta GROTTENDIECK und Burkhard KNUTH für ihre Mithilfe bei der Materialsammlung in den Provincen Cáceres, Córdoba, Granada, Madrid, Málaga und Orense, die durch großzügiges Entgegenkommen der jeweiligen Delegación Provincial des Instituto Español de Emigración erleichtert wurde.

2. Rückwanderung - Rückwanderungsgründe - zukünftige Rückwanderung

Obwohl die wirtschaftliche Entwicklung in Spanien seit 3 - 4 Jahren stark rezessiv verläuft (offizielle Arbeitslosenquote 1979: 8,7 %), die Aussichten auf Erlangung eines Arbeitsplatzes also gering sind, hält - im Gegensatz etwa zu den Türken und Italienern- die Rückwanderung spanischer Arbeitnehmer aus dem europäischen Ausland und ihrer meist nachträglich ausgewanderten Familienangehörigen in relativ hohem Umfang an: die Zahl der spanischen Arbeitnehmer sank z.B. in der BRD von 1973 - 1979 um 53 % auf knapp 90.000, die des spanischen Bevölkerungsteils im gleichen Zeitraum nur um 36 % auf knapp 182.000 (vgl. KORTE 1980: 22, LEIB/MERTINS 1980: 198).

Um einigermaßen quantitativ abgesicherte Aussagen über die Rückwanderungsgründe machen zu können, wurden die Karteien der jeweiligen Delegaciónes des Instituto Español de Emigración (IEE) über die Rückwanderer, die Arbeitslosenunterstützung empfangen, in den Provinzen Cáceres, Córdoba, Granada, Madrid, Málaga und Orense ausgewertet. 80 % der Remigranten, die zwischen 8 und 16/18 Jahre im Ausland gewesen sind, geben als Gründe für ihre Rückkehr Kündigung oder Krankheit an. Dazu sei angemerkt, daß Arbeitslosengeld (ayuda por desempleo a trabajadores que retornen a la patria) für Rückwanderer nur gewährt wird, wenn bestimmte Gründe vorliegen, die erlaßmäßig festgelegt sind (z.Z. gültig: Instrucción des Fondo Nacional de Protección al Trabajo vom 15.2.1979). Danach - und bestätigt in Gesprächen mit leitenden Angestellten des IEE - kristallisiert sich heraus:

a) Diese Gründe (Kündigung, weniger: Krankheit) sind - nach längerer Aufenthaltsdauer und wenn die Kinder bereits erwachsen sind oder in Spanien blieben - vorgeschoben. Die Rückwanderer sind der Arbeit im Ausland überdrüssig; sie haben die ihnen ungewohnten Arbeits- und Wohnbedingungen lange genug ertragen und "wollen einfach nicht mehr". Vielfach haben die Arbeits-, Wohn- und Wohnumfeldverhältnisse auch psychische bzw. psychosomatische Krankheitszustände ausgelöst, die den Wunsch zur Rückkehr verstärken. Vor der Rückwanderung muß aber fast immer der Kauf einer Eigentumswohnung oder eines Einfamilienhauses bzw. der Aus-/Umbau eines ererbten Hauses realisiert worden sein, bei vielen auch der Kauf eines Autos, - Absicherung und Statussymbol zugleich.

Nach zuverlässigen Aussagen besteht kein Grund zu der Annahme, daß - bei vergleichbarer Aufenthaltsdauer und Familienstituation - die wichtigsten Rückwanderungsgründe der arbeitslos gemeldeten Remigranten wesentlich von denen differieren, die relativ schnell wieder einen Arbeitsplatz in Spanien gefunden haben.

b) Nur 10 % geben als Rückwanderungsgrund den Wunsch an, ihre Kinder auf spanischen Schulen ausbilden zu lassen, d.h. die für Ausländerkinder unzureichende schulische Situation in den Aufnahmeländern.

Allerdings spielt dieser Grund eine erheblich gewichtigere, sogar die bedeutendste Rolle (53 %) für die geplante Rückwanderung spanischer Arbeitnehmerfamilien mit schulpflichtigen oder bald ins Schulalter eintretenden Kindern (HAGEN-Bericht 1979: 75), ist möglicherweise auch unter den 50 % bei CASTILLO CASTILLO (1980: 47) stark vertreten, die familiäre Gründe angaben. Leider liegen für den Bereich der spanischen katholischen Mission Hagen bis jetzt keine Angaben über die in der Zwischenzeit abgewanderten spanischen Familien oder -teile vor (Mütter mit Kindern, Kinder zu Großeltern etc.).

c) Die spanische Regierung fördert die Rückwanderung nicht, steht ihr im Gegenteil sehr reserviert gegenüber, da dadurch

1. die Zahl der Arbeitslosen erhöht wird (75 % geben als Hauptproblem nach ihrer Rückkehr die Arbeitsplatzsuche an; CASTILLO CASTILLO 1980: 223);

2. die Summe der Rimessen sinkt (ferner werden wegen der hohen Inflationsrate im eigenen Land die Ersparnisse in höherem Umfang auf Banken der Gastländer deponiert; GREGORY/CAZORLA PEREZ 1980: 16/17), und

3. die Belastung des Unterstützungsfonds für Arbeitslose größer wird; Unterstützung für arbeitslose Remigranten: maximal 75 % des spanischen Durchschnittslohnes von 18.000 Peseten = 13.500 Peseten = DM 351,--/Monat (Stand: Frühjahr 1981), zahlbar für höchstens 12, in seltenen Ausnahmefällen für 18 Monate.

d) Es läßt sich durchaus absehen, daß die Rückwanderung aus den genannten Gründen weiter anhalten wird, wenn entsprechende Ersparnisse vorhanden sind bzw. wenn gewisse Ziele der Auswanderung (Kauf von Eigentumswohnungen etc.) erreicht wurden. Das dürfte 1) für die Arbeitsmarktsituation in Spanien von hoher Relevanz sein und 2) die Arbeitsmarktpolitik selbst erheblich beeinflussen, da die Rückwanderer überwiegend nicht aktiv-investitorisch tätig werden, d.h. durch ihre Investitionen kaum neue Arbeitsplätze geschaffen werden.

Daraus ergibt sich als übergeordnetes, für Spanien wie für die BRD höchst wichtiges Forschungsdesiderat: wie hoch ist der Prozentsatz der Rückkehrwilligen und wann wollen sie zurückkehren?, z.B. mit dem Erreichen des Anspruches auf das Altersruhegeld nach fünfzehnjähriger Beschäftigung (Rentenanspruch), wenn sich die wirtschaftliche Situation und die Arbeitsmarktsituation in Spanien gebessert haben, wenn die erstrebten Ziele (Hauskauf, Existenzgründung in Spanien) erreicht sind und/oder wenn die Kinder ihrer Schulpflicht in Spanien nachkommen sollen?

Im Bereich der katholischen spanischen Mission Hagen (mit Arnsberg, Balve, Hemer, Iserlohn, Menden, Neheim-Hüsten, Sundern) gaben z.B. jeweils 18 % an, binnen der nächsten 2 bzw. der nächsten 3 - 4 Jahre zurückkehren zu wollen, weitere 6 % nach 5 - 6 Jahren, wobei stets der Schulbesuch der Kinder (53 %) der Hauptgrund war (HAGEN-Bericht 1979: 74 - 76). - Sollten diese Aussagen repräsentativ sein, müßte sich 1979 - 1985 die Zahl der spanischen Arbeitnehmer in der BRD um 40 - 50 % reduzieren!

3. *Räumliches Verteilungsmuster der Rückwanderer*

In Anlehnung an RHOADES (1978: 139 - 140) kann man hypothesenartig generell davon ausgehen, daß - neben den Ersparnissen - Alter und Familienstand der Remigranten die hauptsächlichsten Determinanten für die Wahl des Wohnsitzes nach der Rückkehr in Spanien sind.

a) Jüngere, unverheiratete Rückwanderer, die längere Zeit im Ausland gewesen sind und über einige Ersparnisse verfügen, also erfolgreich gewesen sind, kehren überwiegend zunächst in ihre Heimatorte zurück und vollziehen anschließend – auf der Suche nach einem adäquaten Arbeitsplatz – eine Zweitwanderung innerhalb Spaniens in die überregionalen Wirtschafts- und Tourismuszentren. Einen großen Teil ihrer Ersparnisse geben sie für statusdemonstrierende konsumtive Zwecke aus (Auto, Farbfernseher, Stereoanlage, Fotoausrüstung etc.).

b) Jüngere, verheiratete Rückwanderer, z.T. mit kleinen Kindern, lassen sich direkt in den Wirtschafts- bzw. Touristenzentren oder in den sonstigen Provinzhauptstädten nieder; sie investieren vorzugsweise in Eigentumswohnungen und Einfamilien(reihen)häusern. Für die Wohnortwahl spielt neben den Arbeitsplatzmöglichkeiten das schulische Angebot eine Hauptrolle.

c) Ältere, verheiratete Remigranten (meistens über 45 Jahre) kehren vorzugsweise wieder in ihre Heimatgemeinden bzw. -regionen zurück. Mit den Ersparnissen eröffnen sie oft kleine Handwerks-, Gewerbe- und andere private Dienstleistungsbetriebe, die einmal den sozialen wie wirtschaftlichen Aufstieg dokumentieren sollen, von deren Erträgen sie andererseits aber auch ihren Lebensunterhalt bestreiten wollen.

Dabei ist insgesamt hervorzuheben, daß ca. 25 % der spanischen Arbeitsemigranten vor der Abwanderung ins Ausland bereits einmal oder häufiger in Spanien umgezogen sind, generell in Orte mit einer höheren zentralörtlichen Ausstattung und einem besseren Arbeitsplatzangebot, worunter jedoch die übergeordneten Wirtschafts- und Tourismuszentren, ferner einige bedeutendere Provinzhauptstädte eindeutig dominieren (MERTINS/ LEIB 1981: 242 - 245). Der Heimatort braucht also nicht mit dem Geburtsort identisch zu sein, sondern kann auch den Etappen(=Herkunfts)ort vor der Auswanderung bedeuten, wo die Aufenthaltsdauer durchschnittlich 5 bis 7 Jahre betrug, also eine gewisse "Akklimatisierung" stattgefunden hat.

Die angeführten Hypothesen fanden sich bei unseren bisherigen Erhebungen und Untersuchungen in verschiedenen Regionen Spaniens bestätigt, allerdings mit den folgenden Modifikationen:

1) Die Anwerbestops 1973/74 in den verschiedenen Aufnahmeländern bedeuteten einen erheblichen Einschnitt für das räumliche Verteilungsmuster der Remigranten. Die Personen, die von den Anwerbestops in Spanien überrascht wurden und - da sie seinerzeit keinen Arbeitsvertrag hatten - nicht zurückkehren konnten bzw. diejenigen, denen kurz darauf gekündigt wurde und die insgesamt erst einen kürzeren Auslandsaufenthalt, damit geringere Ersparnisse aufweisen konnten, gingen kaum mehr in ihre - ländlichen - Heimatorte zurück "um nicht das Gesicht zu verlieren" ("para no perder la cara"), d.h. sie konnten noch nicht die Statussymbole eines erfolgreichen Auslandsaufenthaltes vorweisen und fürchteten, im Heimatort als erfolglos zu gelten. Diese Personen wählten überwiegend direkt Industrie- oder Tourismuszonen als Rückwanderungsziele, wurden hier aber kaum investitorisch tätig.

2) Kleinere, abseitig gelegene, schwierig zu erreichende Heimatorte, die zudem nicht die notwendige Infrastruktur aufweisen und auch geringere Verdienstmöglichkeiten für kleinere Handwerks- und Gewerbebetriebe bieten, spielen als Rückkehrziele eine untergeordnete Rolle. Bei diesen Orten stellen die Faktoren Distanz (= Verkehrsanbindung, Erreichbarkeit von übergeordneten zentralörtlichen Einrichtungen) und eigene infrastrukturelle (schulische) Ausstattung wichtige Determinanten für die Wahl als Ziel der Rückwanderung dar.

3) Größere Orte (z.B. in Galicien ab. 4. - 6.000 Einwohner, in Andalusien ab 10. - 12.000 Einwohner) üben aufgrund ihrer z.T. erheblichen zentralörtlichen Ausstattung (Unterzentrum, z.T. kleineres Mittelzentrum), verstärkt oft durch die Verkehrsgunst, eine beachtliche Attraktion auf die Rückwanderer aus, vor allem dann, wenn sich dort noch Arbeitsplatzmöglichkeiten in Industrie und Dienstleistungsgewerbe bieten. Sie nehmen nicht nur im eigenen Ort Geborene wieder auf, sondern sind auch Rückwanderungsziele für aus dem näheren Umland emigrierte Personen/Familien.

Für die kleineren Siedlungen im ländlichen Raum (aldeas, lugares, caserios, cortijos etc.) ergeben bzw. verstärken sich mit der Rückwanderung zwei Tendenzen:

a) In abseitig gelegenen Streusiedlungen und kleineren Weilern mit unzureichender Infrastruktur hält der mit der Abwanderung einsetzende Verfall der Bausubstanz an, schreitet der Prozeß der Überalterung, damit des Einwohnerrückgangs fort.

b) Größenmäßig vergleichbare Siedlungen, jedoch in günstigerer Verkehrslage und mit besserer Infrastruktur, sind in gewissem Umfang direkte Ziele der Rückwanderung. In viel stärkerem Maße erfolgen hier aber Hausrenovierungen und -neubauten durch die in die überregionalen Wirtschafts-, Touristenzentren etc. remigrierten Spanier, die in den Heimatorten ihren Urlaubs- und Ruhesitz suchen.

Stellt man eine Rangfolge, eine Prioritätsliste der Rückkehrregionen auf, so dominieren - von den jeweiligen Geburtsorten abgesehen (ca. 50 %; BEFRAGUNG 1980) - eindeutig die Großräume Madrid, Barcelona und Valencia, dann mit Abstand die baskischen Küstenprovinzen, Asturien und bestimmte Tourismuszentren. Diese Regionen bzw. Städte sind also auch in erheblichem Maße Rückwanderungsziele nicht dort geborener Personen, d.h. durch die Rückwanderung kommt es direkt oder indirekt über die nachgeschaltete innerspanische Wanderung zu einer erheblichen Bevölkerungsverschiebung, damit zu einer Verschärfung der regionalen bevölkerungs- und auch wirtschaftsstrukturellen Disparitäten. Allerdings muß betont werden, daß diese Regionen in großem Umfang auch Etappenstationen auf der Wanderung ins Ausland darstellten (jede mit einem ziemlich genau bestimmten Einzugsbereich; MERTINS/LEIB 1981: 244/245), so daß die Phänomene: innerspanische Wanderung vor der Arbeitsemigration - Rückwanderung - innerspanische Wanderung nach der Remigration in einem gewissen, die regionalen Ungleichheiten verstärkenden Kontext gesehen werden müssen.

Die anderen Provinzhauptstädte sind vorwiegend Rückwanderungsziele für Remigranten aus der eigenen Provinz. Darunter folgen die angesprochenen, regional unterschiedlich großen Siedlungen mit einer oft mittleren zentralörtlichen Ausstattung, schließlich die kleineren Herkunftsgemeinden im ländlichen Raum.

4. *Investitionsverhalten der Rückwanderer*

Aus verständlichen Gründen sind verläßliche Auskünfte über die durchschnittliche Höhe des während des Auslandsaufenthaltes gesparten Kapitals selten; jüngere Angaben schwanken - bei zwei Erwerbstätigen/Haushalt - zwischen durchschnittlich DM 387,-- und ca. DM 500,--/Monat (HARSCHE 1980: 23 bzw. CASTILLO CASTILLO 1980: 90/91, 240; HAGEN-Bericht 1979: 259).

Abgesehen von den Ausgaben für konsumtive und/oder statusdemonstrierende Zwecke (Auto, Farbfernseher, Waschmaschine, Stereoanlage etc.) sowie den Investitionen im herkömmlichen kleinen Dienstleistungsbereich (Bars, Taxis), auf die nicht weiter eingegangen wird, werden die Investitionen überwiegend getätigt zur Schaffung von Wohneigentum (70 % der Remigranten; CASTILLO CASTILLO 1980: 61; vgl. auch CAZORLA PEREZ/ GREGORY/NETO 1979: 73, GREGORY/CAZORLA PEREZ 1980: 27), erfolgen dann - allerdings mit deutlichem Abstand - im Agrarsektor sowie in Handwerk/Kleinindustrie. Dabei werden erhebliche Summen schon vom Gastland aus investiert: so haben 60 % der im Arbeitsamtsbezirk Gießen 1979/80 befragten spanischen Arbeitnehmer bereits während ihres - durchschnittlich zwölfjährigen - Aufenthaltes in der BRD eine Eigentumswohnung oder ein Wohnhaus in Spanien erworben (HARSCHE 1980: 26); im Bezirk Hagen sind es allerdings nur 28 % (HAGEN-Bericht 1979: 249).

Generell kann davon ausgegangen werden, daß das Investitionsverhalten - ein entsprechendes Sparguthaben vorausgesetzt - in hohem Maße mit dem Alter bzw. dem Familienstand der Remigranten korreliert.

4.1 Investitionen im Wohnungssektor

Bei weitem dominieren die Investitionen zur Schaffung von Wohneigentum; dabei kaufen

a) jüngere, verheiratete Emigranten wie Remigranten in den Industrie-, Tourismuszentren bzw. in den jeweiligen Provinzhauptstädten eine Eigentumswohnung, selten ein Einfamilienreihenhaus. Meist geschieht der Kauf vor der Rückkehr; die Wohnungen (61 %: 65 - 110 qm, 24 % unter 65 qm; CASTILLO CASTILLO 1980: 63) werden bis zum Selbstbezug oft an Familienangehörige oder Freunde vermietet. Man sieht darin eine kostengünstige Startbasis bei der Eröffnung eines eigenen kleinen Handwerks- oder Dienstleistungsbetriebes bzw. bei der Arbeitsplatzsuche nach der Rückkehr.

b) Ältere, verheiratete Emigranten renovieren in ihrem, im ländlichen Raum gelegenen Heimatort - oft während mehrerer Urlaubsaufenthalte - ihr ererbtes oder ein gekauftes Haus bzw. bauen dort ein neues, z.T. auch villenartiges Haus (Nachahmung, Statussymbol). Kommt der Heimatort aus bereits genannten Gründen - Distanz zu einem übergeordneten Zentrum, infrastrukturelle Ausstattung etc. - nicht in Frage, wird eine Eigentumswohnung in einem nahegelegenen größeren zentralen Ort bzw. in der jeweiligen Provinzhauptstadt gekauft. Hier vor allem entstehen in z.T. großem Umfang die Remigrantenviertel mit einem Überbesatz an Bars, kleinen Läden, Taxiunternehmen etc..

c) Remigranten, die bereits längere Zeit vor der Rückkehr Wohneigentum in Industrie- oder Tourismuszentren erworben haben, weiterhin Geld angespart haben und einen festen Arbeitsplatz besitzen, investieren bevorzugt in die Renovierung ihres Hauses in der Heimatgemeinde (Urlaubs-, Ruhesitz). Das gleiche trifft für innerspanische Migranten zu, die bereits Wohneigentum in den Zielorten erworben haben.

Als wichtiges Ergebnis kann festgehalten werden: der noch vor 8 - 10 Jahren zu beobachtende starke Verfall der Bausubstanz in den ländlichen Abwanderungsgemeinden ist - mit Ausnahme in den abseits gelegenen Streusiedlungen und kleinen Weilern - durch eine erhebliche Renovierungs- und Neubautätigkeit gestoppt worden, d.h. es setzte eine noch anhaltende Modernisierungs- und Neubauwelle auch im ländlichen Raum ein, "a cosmetic development, a superficial facelifting with no fundamental change of the social or employment structure" (GREGORY/CAZORLA PEREZ: 27). Allerdings wirken viele dieser Orte als "Schlafsiedlungen", die nur in den Urlaubsmonaten voll bewohnt sind.

Natürlich erhebt sich die Frage: warum investieren viele Emigranten aus dem ländlichen Raum den überwiegenden Teil ihrer Ersparnisse in Hausneubauten bzw. Hausrenovierungen in ihren Heimatgemeinden bzw. in einer nahen Siedlung mit besserer zentralörtlicher Ausstattung und kehren dorthin zurück? Nach bisherigen Ergebnissen aus Andalusien (vgl. auch GREGORY 1978: 259/60, RHOADES 1978: 141/142) streben vor allem ältere Personen (über 50 Jahre) die Rückkehr in ihre Heimatorte an, um für sich und ihre Familie eine Verbesserung innerhalb der dörflichen Statushierarchie zu erreichen, d.h. sie kehren oft mehr aus sozialen als aus wirtschaftlichen Erwägungen in ihren Heimatort zurück.

Damit kann sicherlich - bezogen auf eine bestimmte Altersgruppe mit einem entsprechend längerfristigen Auslandsaufenthalt - die räumliche und sektorale Verteilung der durch die Emigranten/Remigranten erfolgten Investitionen zu einem großen Teil erklärt werden (CAZORLA PEREZ/GREGORY/NETO 1979: 74, GREGORY/CAZORLA PEREZ 1980: 28), vor allem dann, wenn sie noch über (meist geringes) Landeigentum in ihrem Heimatort verfügen (CAZORLA PEREZ 1980: 40). Wahrscheinlich trifft diese Erklärung auch für andere Regionen Spaniens zu. Allerdings muß betont werden, daß auch Binnenwanderer - nach Erwerb einer Eigentumswohnung in den Zielorten - in verstärktem Maße in ihren Heimatorten investitorisch tätig werden (Renovierung des ererbten Hauses, z.T. auch Hausneubau); vgl. dazu jedoch GREGORY (1978: 259), CAZORLA PEREZ/GREGORY/NETO (1979: 68) und CAZORLA PEREZ (1980: 38), nach denen die Binnenwanderer einen radikaleren Bruch mit dem Heimatort vollziehen und kaum Rückkehrabsichten dorthin hegen.

4.2 Investitionen im Agrarsektor

Nach bisher vorherrschender Meinung (u.a. RHOADES 1978: 142) dienten die relativ geringen Investitionen im landwirtschaftlichen Bereich kaum produktiven Zwecken, sondern hatten mehr demonstrativen Charakter: Kauf von Land (was dann nicht bewirtschaftet wurde), von landwirtschaftlichen

Maschinen etc.. Nach unseren vorläufigen Ergebnissen hat sich das Investitionsverhalten der Rückwanderer im Agrarsektor nach 1973 stark verändert und umfaßt vor allem zwei Bereiche:

a) Kauf von Land zur Aufstockung des eigenen Betriebes und von Maschinen (Traktoren bis zu Mähdreschern), die auch in Lohnarbeit eingesetzt werden. Die Bewirtschaftung (Getreideanbau, seltener Agrumen und Wein) erfolgt durch den Rückwanderer selbst; familienfremde Arbeitskräfte werden nur während der Ernte eingesetzt. Auch hier gilt: die Betriebe liegen überwiegend in Orten mit ausreichender Infrastruktur und guter Verkehrsanbindung.

b) Errichtung von Betrieben der bodenunabhängigen Produktion (Legehennen, Masthähnchen, Schweinemast, -zucht, Rindermast, Milchkühe). Ausrichtung und Größe differiert je nach dem angesparten Kapital. In einigen Regionen (z.B. Galicien, Andalusien) werden derartige Betriebe auch von Kooperativen betrieben, in denen Remigranten zu einem oft beträchtlichen Anteil vertreten sind. Unter der Voraussetzung, daß 50 % des benötigten Kapitals von den Mitgliedern der Kooperativen aufgebracht werden, kann der Fondo Nacional de Protección al Trabajo (staatlicher Fond für Arbeits- und Arbeitsplatzsicherung wie -beschaffung, dem Arbeitsministerium unterstellt) bei entsprechenden Sicherheiten (Boden!) einen anderen Teil, jedoch maximal 500.000 Peseten/Mitglied (Frühjahr 1981: ca. 13.000,-- DM) als zinsgünstigen Kredit (6 % gegenüber 16 - 18 %/Jahr bei normalen Bankkrediten) zur Verfügung stellen. Für größere Projekte können entsprechende Kredite (8 % Zinsen/Jahr) bei der Banco de Crédito Agrícola beantragt werden.

4.3 Investitionen im produktiven Gewerbe- und Kleinindustriebereich

Die Gründung von ausschließlich aus Remigranten bestehenden Arbeitnehmergesellschaften mit staatlicher Unterstützung (DM 13.000,--/Mitglied) ist bis jetzt nur in praktisch zu vernachlässigendem Umfang erfolgt bzw. beantragt worden. Zudem ist das Arbeitsministerium aus Kostengründen (Unerfahrenheit der Mitglieder im Rechnungswesen, in der Betriebsführung, im Management, Folgekosten etc.) auch nicht sonderlich daran interessiert.

Häufiger ist es, daß sich Remigranten bereits bestehenden Kooperativen anschließen oder mit ihrer Beteiligung solche im kleinindustriellen Bereich gegründet werden: Herstellung von Möbeln, kunstgewerblichen Artikeln, Installationsbedarf, im Metallbau etc.. Hierfür können die bereits erwähnten Kredite des Fondo Nacional de Protección al Trabajo in Anspruch genommen werden. Nach vorläufigen Ergebnissen in Andalusien und Galicien läßt sich bereits jetzt feststellen, daß

a) solche Betriebe als Standorte gut ausgestattete Unter- sowie untere Mittel- und Mittelzentren bevorzugen, die,

b) wenn sie Standort für mehrere solcher Betriebe sind, zu Attraktionszentren für Rückwanderer werden, die bereit sind, dort zu investieren.

Derartige Beispiele zur produktiven Anlage von durch Auslandsarbeit erworbenem Kapital sind bis jetzt kaum untersucht worden. Dieser Bereich sollte aber in Zukunft besonders beachtet werden, weil

a) hier in hohem Maße Möglichkeiten einer gezielten Reintegration bestehen, gekoppelt mit lokal- oder sogar regionalwirtschaftlich bedeutsamen Konsequenzen und

b) weil diese Produktionsform im gewissen, z.T. jetzt bereits sich abzeichnenden Bereichen auch nach dem EG-Beitritt Spaniens einigermaßen gesicherte Absatz- und damit Arbeitsplatzverhältnisse bietet.

Literaturverzeichnis

BEFRAGUNG von 894 spanischen Arbeitnehmern in 11 verschiedenen Städten der BRD (Bielefeld, Cuxhaven, Duisburg, Hagen, Hanau, Heppenheim, Ludwigshafen, Mannheim, Rottweil, Rüsselsheim, Wiesbaden) durch den Verfasser und Dr. J. LEIB (FB Geographie Marburg) unter Mithilfe von Centros Españoles, Misiones Católicas, Oficinas Laborales und Herrn A. SANCHA, Rüsselsheim, im Frühjahr 1980 (unveröffentlicht).

CASTILLO CASTILLO, J.: La emigración española en la encrucijada. Estudio empírico de la emigración de retorno. - Madrid 1980 (Centro de Investigaciones Sociológicas, Colección "Monografias", Num. 37).

CAZORLA PEREZ, J.: Mentalidad "modernizante", trabajo y cambio en los retornados andaluces. - Revista Española de Investigaciones Sociológicas, Madrid 1980 (11): 29 - 53.

CAZORLA PEREZ, J., GREGORY, D.D. und NETO, J.P.: El retorno de los emigrantes al Sur de Iberia. - Revista de Sociología, 11, Barcelona 1979: 65 - 80.

GREGORY, D.D.: La odisea andaluza. Una emigración hacia Europa. - Madrid 1978.

GREGORY, D.D. und J. CAZORLA PEREZ: Intraeuropean Migration and Regional Development: Spain & Portugal. - Manuskript (World Peace Foundation Conference on "Temporary Labor Migration in Europe: Lessons for the American Policy Debate") Elkridg Maryland 1980.

HARSCHE, E.: Spanische Gastarbeiter im Arbeitsamtsbezirk Gießen. - Erwartungsstruktur, regionale Orientierung und Motivationsstruktur anlageorientierten Sparverhaltens von Gastarbeitern. - Gießen 1980 (Materialien zur Wirtschafts- und Regionalsoziologie aus den Arbeiten des Instituts für Agrarsoziologie der Justus-Liebig-Universität Gießen, Heft 5).

KORTE, H.: The Development and Significance of Labor Migration and Employment of Foreigners in the Federal Republic of Germany between 1950 and 1979. - Manuskript (World Peace Foundation Conference on "Temporary Labor Migration in Europe: Lessons for the American Policy Debate"), Elkridg Maryland 1980.

LEIB, J. und G. MERTINS: Die Abwanderung spanischer Arbeitnehmer in die Bundesrepublik Deutschland. Umfang, Ursachen, Herkunfts- und Zielgebiete. - Erdkunde, 34, Bonn 1980: 195 - 206.

MERTINS, G. und J. LEIB: Räumlich differenzierte Formen der spanischen Arbeitsemigration nach Europa. - Marburger Geographische Schriften, 84, Marburg 1981: 255 - 276.

Misión Católica Española de HAGEN (Ed.): Estudio sociológico de la Misión Católica Española de Hagen. - Madrid 1979.

RHOADES, R.E. Intra-European Return Migration and Rural Development: Lessons from the Spanish Case. - Human Organization, 37, 1978: 136 - 147.

Manfred Werth

ANMERKUNGEN ZUR WIRKSAMKEIT DEUTSCHER REINTEGRATIONS-
PROGRAMME FÜR TÜRKISCHE ARBEITNEHMER

Im Vergleich zu den relativ "jungen" Ansätzen einer gezielten Reintegrationsförderung in Ländern wie Griechenland oder Spanien wird das "Reintegrationsprogramm Türkei" gemeinhin als historischer Modellfall zitiert. In der Tat wurden bereits vor dem Anwerbestopp 1973 durch das Bundesministerium für wirtschaftliche Zusammenarbeit türkischen Arbeitnehmern, die in ihre Heimat zurückkehren wollten, sogenannte "Wiedereingliederungshilfen" angeboten. Der Hinweis auf die glückliche Geburtsstunde des Reintegrationsprogramms Türkei ist nicht unwesentlich. Auch zehn Jahre danach liefert der Hinweis darauf immer noch ein gern gebrauchtes Argument gegen den nach wie vor vorhandenen Verdacht der Betroffenen, Reintegrationsförderung sei im Grunde doch nur ein Mäntelchen für den Versuch, inzwischen unerwünschte Gäste möglichst elegant zurück zu expedieren.

Unumstritten waren die Programme in der Tat seit ihrer Geburt nie, freilich aus anderen Gründen. Mehmet, der Türkei, angeworben in Istanbul, beschäftigt bei Ford, aufgestiegen zum angelernten Schlosser, wohnhaft in Köln, Vater von zwei schulpflichtigen Kindern, steuerpflichtig und Bezieher von Kindergeld, Mitglied in verschiedenen türkischen Vereinen und gläubiger Moslem, verursachte als Objekt deutschen Verwaltungshandelns schließlich schon genug Probleme.

Nun war, mit der Geburt der Reintegrationsprogramme, gewissermaßen eine weitere Dimension entdeckt: Mehmet, der Rückkehrer, als Entwicklungshelfer im eigenen Land. Mehmet und Ali, die aus ihrem Sparstrumpf einen eigenen Betrieb bauen. Die Überzeugungskraft der Idee war, mißt man es an den Haushaltsmitteln, die dem Bundesministerium für wirtschaftliche Zusammenarbeit in der Frühphase der Programme zur Verfügung gestellt wurden, offensichtlich nicht sonderlich groß. Einige bedeutende Vorfeldorganisationen der Entwicklungshilfe lehnten die Konzeption schlankweg ab.

Inzwischen, obwohl die Maßnahmen zur Integration ausländischer Arbeitnehmer nach wie vor absolute Priorität genießen, hat sich das Bild gewandelt. So heißt es in den Beschlüssen der Bundesregierung vom 19. März 1980 zur Weiterentwicklung der Ausländerpolitik:

"Zukünftige Schwerpunktaufgabe der Ausländerpolitik muß die soziale Integration der zweiten und dritten Ausländergeneration sein" (Orientierungslinien, Punkt 1).

gleichzeitig aber:

"Den Absichten jener Ausländerfamilien, die die Bundesrepublik wieder verlassen wollen, darf nicht entgegengewirkt werden. Ausgehend von der Achtung vor einer solchen Entscheidung und ihrer wirtschaftlichen und sozialen Wirkung soll die entwicklungspolitische Förderung der beruflichen Wiedereingliederung (Reintegration) und der Investitionen ausländischer Arbeitnehmer in ihren Herkunftsländern ausgebaut werden" (Orientierungslinien, Punkt 5).

In Punkt 12 des aus den Orientierungslinien abgeleiteten Maßnahmenkatalogs wird dann weiter konkretisiert, wie dieses erreicht werden soll:

"Aus entwicklungspolitischer Sicht und im Gesamtzusammenhang der Ausländerpolitik verdienen die aus der Rückwanderung und den Arbeitnehmerinvestitionen den Herkunftsländern vermittelten Impulse Aufmerksamkeit und gezielte Förderung. Auf der Grundlage des Wiedereingliederungsabkommens und des Kreditsonderfondsabkommens von 1972 ... werden schwerpunktmäßig rückkehrbezogene wirtschaftliche Selbsthilfeinitiativen, ... - Arbeitnehmergesellschaften -, bei ihren Aktivitäten zur Schaffung von Arbeitsplätzen und Produktivkraft in den Herkunftsländern wirkungsvoll unterstützt. - Die flankierenden Maßnahmen für diese Gesellschaften ... sollen weiter verstärkt werden, um ihre Wirkungskraft zu erhöhen."[1]

---

1) Beschlüsse der Bundesregierung vom 19. März 1980 (Weiterentwicklung der Ausländerpolitik).

Die Feststellung der Bundesregierung, daß Arbeitnehmergesellschaften in der Vergangenheit wirkungsvoll unterstützt wurden, ist für den Autor dieses Beitrags – seit Beginn des Reintegrationsprogramms Türkei im Auftrag des Bundesministeriums für wirtschaftliche Zusammenarbeit verantwortlich für die praktische Durchführung der genannten Förderungsmaßnahmen – sicher nicht unangenehm, zugleich der Anlaß für einige kritische Anmerkungen und Fragen zur zweiten Dekade der Reintegrationspolitik.

Reintegrationspolitik: Theorie und Praxis

Die Idee, rückkehrende Fachkräfte aus den sogenannten Anwerbeländern und Ausbildungsabsolventen aus den Entwicklungsländern als Agenten des sozialen und wirtschaftlichen Wandels zu begreifen und entsprechend zu fördern, war zu Beginn der siebziger Jahre sicher nicht prinzipiell neu, konzentrierte sich aber doch weitgehend auf die Zielgruppe der Studenten und Akademiker bzw. den lauter werdenden Vorwurf des brain drain und der daran anknüpfenden Überlegungen, wie dieser zu verhindern sei. Die Möglichkeit und Problematik der aktiven Reintegrationsförderung von qualifizierten Arbeitnehmern wurde als wissenschaftliches Thema erheblich später "entdeckt". Erst Mitte der siebziger Jahre, gut 5 Jahre also nach Beginn der ersten praktischen Reintegrationsprogramme durch das Bundesministerium für wirtschaftliche Zusammenarbeit, setzte eine mittlerweile zur Flut angewachsene Reihe von Forschungen und Publikationen ein, die sich der Thematik der sozialen und ökonomischen Effekte der Rückwanderung widmeten[1].

---

1) Vgl. etwa die Schriften von N. Abadan-Unat, Turkish Workers in Europe 1960-1975, Leiden 1976; A. Kudat und Ali Gitmez, Emigration Effects on the Turkish Country-Side, Berlin 1975; Lohrmann, R. und Manfrass, K. (Hrsg.) Ausländerbeschäftigung und internationale Politik, Zur Analyse transnationaler Sozialprozesse, Bonn 1973; D.R. Miller, Migrant Workers, Instanbul 1974; S. Paine, Exporting Workers, The turkish case. Cambridge 1974. Als Beispiel für die Welle etwa Ende der siebziger Jahre einsetzenden Dissertationen und Publikationen zum Thema "Arbeitnehmergesellschaften", vgl. etwa F. Şen, Die türkischen Arbeitnehmergesellschaften, Frankfurt/Bern 1980.

Allen Zweiflern zum Trotz waren zwischenzeitlich eine Reihe entwicklungspolitischer Förderungsprogramme in Gang gesetzt worden, die zunehmend Aufmerksamkeit und eine zum Teil sehr kontroverse politische Diskussion hervorriefen. Schwerpunkt dabei war, verständlicherweise, die Türkei als wichtigstes Herkunftsland ausländischer Arbeitnehmer. 1972 wurde das sogenannte *"Ankara-Abkommen"* über die Förderung der Reintegration türkischer Arbeitnehmer durch die Regierungen der Bundesrepublik und der Republik Türkei unterzeichnet, im Anschluß daran das isoplan-Institut mit der praktischen Durchführung von Förderungsprogrammen beauftragt. "Arbeitnehmerprogramme" in anderen Ländern (Korea, Griechenland) und "Akademikerprogramme" der verschiedensten Machart, so etwa die Förderung von rückkehrwilligen Ärzten, Nachwuchswissenschaftlern für Hochschulen und Forschungseinrichtungen, Managern und Ingenieuren aus Entwicklungsländern schlossen sich unter Einschaltung der verschiedensten Träger an[1].

Ende 1980 schließlich wurde als zentrale Trägerorganisation für alle Programme als Arbeitsgemeinschaft zwischen der deutschen Gesellschaft für Technische Zusammenarbeit (GTZ) und der Zentralstelle für Arbeitvermittlung der Bundesanstalt für Arbeit (ZAV) ein Centrum für internationale Migration und Entwicklung (CIM) ins Leben gerufen.

Die dem Programm zugrundeliegende Theorie war und ist im Prinzip einfach und einleuchtend. Auf der einen Seite herrscht in den Ländern der Dritten Welt, von spezifischen Erscheinungen des akademischen "overflow" (z.B. Indien) abgesehen, ein akuter Fachkräftemangel, der durch die internationalen Wanderungsbewegungen tendenziell verstärkt wird. Auf der anderen Seite studieren und arbeiten in der Bundesrepublik Tausende, die in ihre Heimat zurückkehren wollen und dies auch über kurz oder lang tun[2]. Was also liegt näher als

---

1) Vgl. dazu isoplan (Hrsg.), Betrifft: Reintegration, Zur Mitwirkung der Fachkräfte aus Entwicklungsländern in der Bundesrepublik Deutschland am Aufbau ihrer Heimatländer, Bonn 1979.

2) Vgl. dazu M. Werth, Brain Drain oder Reintegrationschancen, in: Auslandskurier 18, 1977, S. 14 ff sowie isoplan (Hrsg.), Das Fachkräftepotential aus Entwicklungsländern in der Bundesrepublik Deutschland, 2 Bde, Bonn 1977.

den Bedarf der Entsendeländer zumindest teilweise durch eine Aktivierung dieses Fachkräftepotentials abzudecken und durch eine gezielte Förderung darauf hinzuwirken, daß das *Humankapital* der Rückkehrer – ihre im Ausland erworbenen beruflichen Kenntnisse und Fähigkeiten – und, soweit möglich, auch Teile des beträchtlichen *Sparkapitals* in stärkerem Umfang für die wirtschaftliche Entwicklung der Heimatländer genutzt werden?

So einleuchtend dieser theoretische Ansatz klingen mag, so problematisch ist es, wie in einer Reihe von späteren empirischen Untersuchungen aufgedeckt wurde, seine praktische Relevanz zu belegen. Beide Zielsetzungen – die der Nutzung des Humankpaitals wie die der sinnvollen Kanalisierung des Sparkapitals setzen in der Tat Bedingungen und Wirkungszusammenhänge voraus, die durchaus nicht als selbstverständlich vorausgesetzt werden können. *"The self-fulfilling concept of the human capital approach is a myth"*[1], konstatierte Böhning bereits 1975, und dies aus mehreren Gründen:

(a) weil ein beträchtlicher Teil der Migranten im Ausland in unqualifizierten Positionen verbleibt und eben keine Gelegenheit hat, das besagte Humankapital überhaupt zu erwerben,

(b) weil bei der tendenziell steigenden Zahl derer, die im Ausland verbleiben, die besser Qualifizierten erheblich überrepräsentiert sind und schließlich

(c) weil häufig die im Ausland erworbenen Qualifikationen nicht den Qualifikationsanforderungen in den Heimatländern entsprechen.

In bezug auf die Zielgruppe der türkischen Arbeitnehmer wurden diese generellen Befunde Böhnings durch eine breit angelegte empirische Untersuchung des isoplan-Instituts kürzlich voll bestätigt. Im Rahmen

---

1) W.R. Böhning, Some Thoughts on Emigration from the Mediterrenean Basis, in: Internationale Labor Review, Vol. III, No 3, March 1975, S. 251.

einer repräsentativen Befragung von Rückkehrern in der Türkei geben zwar 42,5 % der Befragten an, ihre berufliche Qualifikation habe sich durch die Tätigkeit in Deutschland verbessert - nur 9,4 % können die neu erworbenen Kenntnisse und Fähigkeiten aber in der Praxis beruflich verwerten[1].

Mehmet, der Entwicklungshelfer, also doch ein Mythos? Ohne eine gezielte arbeitsplatzbezogene Förderung ganz offensichtlich. Wenn dem aber so ist, dann ist die konzeptionelle Anlage und Wirkungsmöglichkeit von Reintegrationsprogrammen an zwei Ansatzpunkten zu messen:

1. Potentielle Rückkehrer müßten über den Weg der Individualförderung in die Lage versetzt werden, die Qualifikationen zu erwerben, die sie in der Heimat tatsächlich verwenden können und

2. es müßte gesichert sein, daß sie nach ihrer Rückkehr ein Arbeitsplatzangebot vorfinden, das ihrer Qualifikation entspricht und das sie nach der Rückkehr tatsächlich wahrnehmen können und wollen.

Ausbildungsprogramme und Arbeitsplatzbeschaffungsprogramme müßten dann aber - und hier liegt der entscheidende Punkt - im Individualfall zur Deckung kommen, wollen sie den Anspruch reintegrationspolitischer Relevanz erheben. Einfacher formuliert: Ausbildungsprogramme für Rückkehrwillige bleiben fragwürdig, wenn keine Klarheit besteht, ob dem ein konkretes Arbeitsplatzangebot gegenübersteht. Die Schaffung von neuen Arbeitsplätzen, wiewohl entwicklungspolitisch generell sinnvoll, ist unter Reintegrationsgesichtspunkten nur bedeutsam, wenn diese dann tatsächlich für Rückkehrer zur Verfügung stehen.

---

1) P. Jurecka, M. Werth et al, Mobilität und Reintegration, Saarbrücken 1980. Zu ähnlichen Ergebnissen kam Borris bereits 1973, vgl. dazu M. Borris, Ausländische Arbeiter in einer Großstadt, Frankfurt/M 1973, S. 74.

Der direkte Ansatz: Individualförderungen

Wie schwierig es ist, beiden der oben genannten Anforderungen an eine wirksame Reintegrationsförderung zugleich gerecht zu werden, läßt sich an der Entwicklung des Förderungsprogramms für rückkehrwillige türkische Arbeitnehmer leicht demonstrieren. Die ersten praktischen "Gehversuche" wurden - aus der Logik der oben skizzierten Thesen naheliegend - dahingehend unternommen, spezielle Fortbildungsprogramme anzubieten, die in eine qualifizierte berufliche Tätigkeit (etwa Elektrotechniker, Maschinenschlosser etc.) in der Heimat einmünden sollten. Die mehrmonatigen Kurse wurden öffentlich ausgeschrieben. Die Teilnahme - damals noch vor dem Anwerbestopp -, war an die Unterzeichnung einer Rückkehrverpflichtung gebunden, die im übrigen auch heute noch obligatorisch ist. Die entscheidenden Schwachstellen des Konzepts wurden schnell offenkundig. Trotz einer dreimonatigen Anschlußphase der Kurse in Istanbul, die den Prozeß der Wiedereingliederung erleichtern sollte, war es - Folge der mangelnden Kooperationsmöglichkeit mit den lokalen Institutionen der Arbeitsplatzvermittlung - nur in ganz wenigen Fällen möglich, die Kursteilnehmer adäquat zu vermitteln. Die Mehrzahl war nach kurzer Zeit einfach "verschwunden" - eine Erfolgskontrolle unmöglich. Jahre später berichtete einer der ersten Kursteilnehmer über das Schicksal seiner damaligen Gruppe: von 21 Teilnehmern sind 19 nach einiger Zeit wieder nach Deutschland gegangen, er selbst und ein Kollege bauten in Bursa eine kleine, inzwischen gutgehende Produktionsstätte für Fahrradketten auf - ein Beispiel nicht unbedingt typisch, aber symptomatisch für die generelle Problematik der Individualförderung von Rückkehrern, die an den Grenzen des Heimatlandes oder spätestens mit der Überreichung eines Zertifikats abbricht.

Nachdem der Anwerbestopp 1973 die ohnehin geringe Nachfrage zur Teilnahme an den Kursen auf den Nullpunkt brachte, wurden die Programme als Angebot zwar aufrechterhalten, in der Praxis aber eingestellt.

Eine sinnvolle Alternative entwickelte sich erst durch den Fachkräftebedarf einzelner Arbeitnehmergesellschaften, die in den darauffolgenden Jahren die Produktion aufnahmen, und die daran anschließende arbeitsplatzbezogene Fortbildung von rückkehrwilligen Arbeitnehmern im Rahmen von "tailor-made"-Kursen. Dennoch bleiben Kurse auch dieser Art bislang quantitativ unbedeutend (1-2 Kurse mit jeweils 10-15 Teilnehmern pro anno), zum Teil, weil trotz des konkreten Arbeitsplatzangebots nur wenige gerade der qualifizierteren Arbeitnehmer in Deutschland das mit einer Rückkehrverpflichtung verbundene Kursangebot aufgreifen, zum Teil wohl auch, weil die Betriebe in der Türkei, soweit möglich, versuchen, ihren Fachkräftebedarf aus dem weniger problematischen lokalen Potential abzudecken.

Der indirekte Ansatz: Förderung vorn Arbeitnehmergesellschaften

Eine erhebliche stärkere Durchschlagskraft als die an dem Humankapital von Rückwanderen ansetzenden Reintegrationsstrategien entwickelten jene Förderungsansätze, die sich primär auf die Mobilisierung bzw. Kanalisierung des sagenumwobenen Sparkapitals türkischer Arbeitnehmer im Ausland konzentrieren. Das inzwischen in der internationalen Diskussion immer wieder zitierte "türkische Modell", das zum Anreiz wurde für ähnliche Versuche in Griechenland, Jugoslawien, Spanien, Portugal und sogar den Maghreb-Staaten[1], beruht dabei auf einem Faktum, das von seiner Entstehung her sicher nicht als Ergebnis oder Erfolg entwicklungspolitischer Bemühungen gesehen werden kann. Unabhängig von allen staatlichen Förderungsmaßnahmen von deutscher oder türkischer Seite entstanden bereits Mitte der sechziger Jahre in der Bundesrepublik die ersten der sogenannten Arbeitnehmergesellschaften - in der Regel Aktiengesellschaften türkischen Rechts, die, mit dem Ziel der Errichtung eines Betriebes in der Türkei gegründet,

---

1) Vgl. dazu M. Werth und N. Yalçintaş, Migration and Reintegration, transferability of the turkish model of return migration and self-help-organizations to other mediterranean labour exporting countries, Genf 1978 (ILO-WEP-Working Paper).

Anteilsscheine (Aktien) an türkische Arbeitnehmer verkauften und damit den Betriebsaufbau finanzierten. 10 Gesellschaften hatten bereits die Produktion in der Türkei aufgenommen, weitere waren in Gründung, als 1973/74 die Förderung der "TANG" (türkische Arbeitnehmergesellschaften) in den Mittelpunkt der deutschen Reintegrationsförderung gestellt wurde.

In den Jahren danach verlief die Entwicklung der Arbeitnehmergesellschaften in geradezu explosionsartiger Form. Bis Ende 1980 waren über 200 Gesellschaften gegründet, an denen sich rund 237.000 türkische Arbeitnehmer (davon etwa die Hälfte in der Bundesrepublik) beteiligten. Rund 100 Betriebe hatten in den unterschiedlichsten Branchen (schwerpunktmäßig Textil, Leder, Baustoffe, Metallverarbeitung) die Produktion aufgenommen, weitere 60 standen trotz aller wirtschaftlichen Schwierigkeiten in der Türkei im Bau. Etwa 12.000 industrielle Arbeitsplätze waren, meist in schwach entwickelten Regionen der Türkei, geschaffen. Die Zahl von 20.000 Arbeitsplätzen - ohne Berücksichtigung der indirekten Arbeitsplatzeffekte - rückte als Zielgröße in greifbare Nähe[1].

---

1) Vgl. isoplan (Hrsg.), Türkische Arbeitnehmergesellschaften in der BRD, 2 Bde, Saarbrücken 1973 sowie die jährlich von isoplan herausgegebenen "Statistischen Zwischenberichte zur Entwicklung der Arbeitnehmergesellschaften".
Der bisherige Erfolg türkischer Arbeitnehmergesellschaften, soweit er sich in Betriebsgründungen demonstriert, ist vor dem Hintergrund der in den letzten Jahren zunehmenden Verschlechterung der wirtschaftlichen Rahmenbedingungen in der Türkei umso bemerkenswerter. Er darf jedoch nicht über die Schwierigkeiten hinwegtäuschen, die den Arbeitnehmergesellschaften aus endogenen Faktoren, d.h. denjenigen, die sich aus der besonderen Struktur der Gesellschaften erklären, erwachsen.
Hierzu zählen nach wie vor in erster Linie:
- Managementprobleme,
 die sich tendenziell aus der Übernahme der Geschäftsführung durch die Gründungsinitiatoren, in der Regel also ohne das Vorhandensein dazu erforderlicher professioneller Qualifikation ableiten sowie
- Finanzierungsprobleme,
 die ihren Ursprung zumeist in der - bezogen auf die Mittelerfordernisse zum Zeitpunkt der tatsächlichen Investitionsverwirklichung - zu schmalen Eigenkapitaldecke oder Kapitaleinzahlung haben.
Insbesondere die oben herausgestellten Strukturschwächen haben in jüngster Zeit trotz der 'Anpassung' der Abgrenzungskriterien für Arbeitnehmergesellschaften, die den Anteil der im Ausland beschäftigten Arbeitnehmer bzw. Rückkehrern von bisher mehr als 50 % auf in besonderen Fällen jetzt bis zu 20 % definiert, zu einer Reihe von Verlusten des Status einer Arbeitnehmergesellschaft geführt.
Vgl. dazu H. Hemmersbach, Bericht zur Beratung türkischer Arbeitnehmergesellschaften, Istanbul 1980.

Tabelle 1   Entwicklung der Projekte türkischer Arbeitnehmergesellschaften

Jahr	Realisierte Projekte	Projekte in Realisierung	Projekte in Planung	Projekte in Vorplanung	Gesellschaften in Gründung	Insgesamt
1973		10		7	6	23
1975	10	12	11	35	12	80
1976	28	27	32	45	12	144
1977	42	39	30	30	14	155
1978	54	46	30	31	10	171
1980	98	60	17	22	10	207

Zusammengestellt nach: isoplan: Evaluierung von Betriebsgründungen in der Türkei, Saarbrücken 1975;
Statistische Zwischenberichte zur Situation türkischer Arbeitnehmergesellschaften, Saarbrücken und
Istanbul, Stand März 1977, März 1978;
Türkische Arbeitnehmergesellschaften, Zwischenbericht 1980, Saarbrücken und Istanbul 1980;
Statistische Zusammenstellung türkischer Arbeitnehmergesellschaften, Stand April 1980, Istanbul 1980.

Die erstaunliche Entwicklung und Bedeutung dieses Phänomens ist bislang kaum ausreichend analysiert worden. Sicherlich hat die im Verlauf der Jahre erheblich intensivierte Förderung durch flankierende Maßnahmen wie Planungs- und Beratungshilfen, Kredite, Expertenentsendung etc. daran einen nicht unwesentlichen, wenn auch schwer meßbaren Anteil. Das beispiellose Potential an Selbsthilfeinitiativen, das hier mobilisiert wurde, hat seine Wurzeln aber zweifellos in anderen Motiven.

Versteht man Reintegrationspolitik, wie einleitend skizziert, als den Versuch, das Humankapital von Rückkehrern für die wirtschaftliche Entwicklung der Heimatländer nutzbar zu machen und geht dabei von der Prämisse aus, daß dies in nennenswertem Umfang nur möglich ist, wenn ein adäquates Arbeitsplatzangebot geschaffen wird, so scheint das Konzept der Förderung von Arbeitnehmergesellschaften eine nahezu ideale Verbindung zu bieten. Das Sparkapital der Arbeitnehmer im Ausland wird, zumindest zum Teil, für investive Zwecke, zur Schaffung von Arbeitsplätzen verwendet, die dem Rückkehrer zur Verfügung stehen und in die er seine Kenntnisse und Fähigkeiten einbringen kann.

Wesentlich dabei ist, daß die Kanalisierung der Arbeitnehmerersparnisse schon für sich allein einen entwicklungspolitisch und volkswirtschaftlich positiven Effekt darstellt (welcher Größenordnung auch immer und unabhängig von der auf die Türkei bezogen wieder sehr theoretischen Frage, ob es nicht andere und bessere Wege gäbe, das Sparkapital sinnvoll nutzbar zu machen). Eben weil dem so ist, besteht aber auch die Gefahr, daß sich das (unter reintegrationspolitischen Aspekten gesehen) "Zwischenziel" der Schaffung von Arbeitsplätzen gewissermaßen verselbständigt. Die Tatsache allein, daß türkische Arbeitnehmergesellschaften bislang nahezu 600 Mio DM Eigenkapital mobilisiert und fast 1,5 Mrd DM in neuen Betrieben investiert haben bzw. in naher Zukunft für Investitionen anlegen, ist, so eindrucksvoll diese Zahlen sind, unter reintegrationspolitischen Gesichtspunkten nur bedeutsam, wenn nachgewiesen ist, daß die Beteiligung an einer solchen Gesellschaft für den Arbeitnehmer im Ausland einen (zusätzlichen) Anreiz zur Rückkehr bietet und zumindest ein signifikanter Teil der Rückkehrer zugleich die Chance hat und die Bereitschaft zeigt, die neu geschaffenen Arbeitsplätze selbst auszufüllen, kurz: daß sich der wünschenswerte Transfer von Sparkapital verbindet mit der eigentlich angestrebten Rückgliederung von Menschen und der gezielten Nutzung von Kenntnissen.

Motive

Auf die generell erschreckend niedrige Quote derer, die nach der Rückkehr in die Heimat die in Deutschland erworbenen beruflichen Erfahrungen nutzen können, wurde oben bereits verwiesen. Das bestehende Angebot entwicklungspolitischer Individualförderungen hat daran bislang wenig geändert. Bleibt also die Frage, ob die Förderung von Arbeitnehmergesellschaften einen wirkungsvolleren Ansatzpunkt bietet. Die zuweilen zu hörende Formel, die Mehrheit der Mitglieder von Arbeitnehmergesellschaften beteilige sich eben deshalb, weil sie glaubt, sie könnte sich selbst das Anrecht auf einen "eigenen" Arbeitsplatz nach der Rückkehr erkaufen und dabei gleichzeitig ihr Geld gewinnbringend anlegen, ist, soweit sich dies aus der persönlichen Erfahrung des Autors, aber auch den oben zitierten Untersuchungen ablesen läßt, in dieser vereinfachten Form mit Sicherheit falsch.

Um zu verstehen, was da als *Beteiligungsmotiv* in der Vergangenheit inzwischen Hunderttausende von türkischen Arbeitnehmer bewogen haben mag, in der Regel zwischen 1.000 DM bis 5.000 DM, zum Teil beträchtlich höhere Summen für eine Aktie (besser vielleicht "Anteilsschein" - eine Börse existiert in der Türkei nicht) an einer zunächst nur auf dem Papier und in Träumen bestehende ATAŞ A.Ş., BETAŞ A.Ş. oder ÇETAŞ A.Ş. auszugeben, muß man sich vielleicht bildhafter vorstellen können, wie der Gründungs- und Werbemechanismus der Arbeitnehmergesellschaften abläuft. Meist sind es "Hocas"[1], durch Status oder Beruf anerkannte Persönlichkeiten, die dazu aufrufen, eine Gesellschaft zu gründen. Sie fahren durch's Land, halten Versammlungen ab, oft mit Hunderten von Teilnehmern; sie lassen die Anteilsscheine zeichnen und sammeln das Geld. Immer und ausschließlich ist ihre Zielgruppe die regionale, meist dörfliche Gemeinschaft: die Arbeitnehmer aus Konya von München bis Holland, die Gruppe der Lasen, die Leute aus der Provinz Ekişehir, die Männer aus Gökçebey usw.. Und immer scheint es wichtiger, *daß* eine Fabrik gebaut wird, weniger *welche*. Der Dreh- und Angelpunkt ist das Dorf, nicht das Projekt. Häufig genug werden dann auch, wenn es nicht schon zu spät ist, die Pläne geändert, weil sich irgendwann herausstellt, daß der Standort nicht geeignet ist, die Rohstoffe oder der Absatzmarkt fehlen, oder einfach, weil das Ziel von seiner Größenordnung und Komplexität her viel zu hoch gesteckt war. Beratungshilfen können hier sicher manche Fehlentwicklung vermeiden helfen, eines dürfen sie nicht (und können sie wahrscheinlich auch nicht): die sicherlich mit vielen Fehlern behaftete Eigeninitiative durch gerade von Türken schnell empfundene allzu starke Bevormundung blockieren.

Propheten, die verkündeten, daß angesichts einer Reihe von Fehlschlägen die türkischen Arbeitnehmer das Vertrauen in die Arbeitnehmergesellschaften verloren hätten, sind seit Beginn der Programme in schöner Regelmäßigkeit aufgetreten und haben vornehmlich eine Verunsicherung in den deutschen Reihen verursacht. Die eigentlich Betroffenen waren davon offensichtlich wenig berührt: die Zahl der Gesellschaften und der sich daran beteiligenden Arbeitnehmer wuchs unbeirrt an.

---

[1] Heute gebräuchlicher Ausdruck für "Lehrer", oder verehrungswürdiger Persönlichkeiten, zurückgehend auf den Volkshelden Nasrettin Hoca, Weiser aus Akşehir im 13. Jahrhundert. Ein Beispiel für die Welt der Hocas:
"*Warum wiegst Du nicht das Kind*", fragte er seine Frau.
"*Ich bin müde, warum tust Du das nicht*", erwiderte seine Frau.
"*Das ist Deine Aufgabe*", rief er.
"*Das Kind gehört aber auch zur Hälfte Dir*", beschwerte sich die Frau.
"*Das ist richtig, aber meine Hälfte stört mich nie*", antwortete er, "*wiege Du Deine Hälfte und lass' meine in Ruhe!*"

Dies beweist, gemeinsam mit Fakten, auf die noch zu sprechen zu kommen sein wird, eines: so wesentlich es aus "objektivem" Blickwinkel darauf ankommt, daß die Projekte betriebswirtschaftlich-technologisch optimal geplant werden, am richtigen Standort stehen, über ein geschultes Management verfügen, Gewinn erwirtschaften etc., so nebensächlich erscheint dies alles als ausschlaggebendes Motiv für den einzelnen türkischen Arbeitnehmer, sich mit ein oder zwei Aktien an *dem* Projekt in *seinem* Dorf zu beteiligen.

Auch hier noch einmal, um Mißverständnissen vorzubeugen, eine Klarstellung: natürlich wird auch der türkische Kleinaktionär einer TANG gerne einen Gewinn "mitnehmen" - dies dürfte aber nicht das Hauptmotiv seiner Beteiligung sein. Die Tatsache, daß nur eine minimale Zahl von Arbeitnehmergesellschaften bislang in der Lage war, real Gewinne zu erwirtschaften, ist im übrigen gerade unter den türkischen Arbeitnehmern im Ausland bestens bekannt.

Noch erheblich problematischer ist, konsequent durchdacht, die Beurteilung des *"Arbeitsplatzmotivs"*, der Variante also, daß sich Rückkehrwillige mit einem Teil ihres Sparkapitals durch die Beteiligung ein Anrecht auf einen Arbeitsplatz "erkaufen" möchten. Geht man einmal davon aus, daß dies (reintegrationspolitisch durchaus wünschenswert) bei einem nennenswerten Anteil der Aktionäre der Fall wäre, so wäre das "Modell Arbeitnehmergesellschaften" hoffnungslos überfordert.

Zwar räumen etliche Gesellschaften in ihren Satzungen ein Vorzugsrecht für Aktionäre bei der Besetzung von Arbeitsplätzen ein - die reale Chance für den einzelnen, dieses auch wirklich wahrnehmen zu können, läßt sich jedoch rechnerisch leicht überschlagen. Um bis dato ca. 12.000 Arbeitsplätze zu schaffen, wurden - Folge der hohen Arbeitsplatzkosten bei gleichzeitig niedrigen Einlagen - über 200.000 Aktionäre mobilisiert; d.h., grob kalkuliert, daß allenfalls für 6 % der Anteilseigner überhaupt ein Arbeitsplatzangebot bestehen würde, selbst wenn man von der unrealistischen Annahme ausgeht, daß alle Plätze den Aktionären auch tatsächlich zur Verfügung gestellt werden.

Tabelle 2   Mitglieder und Arbeitsplätze

Stand des Projekts	Mitglieder	Arbeitsplätze	Zahl der Projekte
I. Realisierte Projekte	158.833	9.588*	98
II. Projekte in Realisierung	64.483	7.938	60
III. Projekte in Planung**	6.470	1.662	17
IV. Projekt in Vorplanung**	7.339	278	22
Summe	237.125	19.466	197

Quelle: isoplan-TANG-Datei, Stand: Januar 1980

*) 1981 ca. 12.000 (Hochrechnung)
**) Die Angaben beruhen teilweise auf Schätzziffern. Gesellschaften in Gründung nicht berücksichtigt.

In der Praxis ist der meßbare Reintegrationseffekt noch erheblich geringer, weil erfahrungsgemäß eine Reihe von Faktoren zusammenkommt, die eine Besetzung der neu geschaffenen Arbeitsplätze durch zurückgekehrte Teilhaber verhindern: häufig entsprechen die Qualifikationen der Rückkehr nicht den Qualifikationsanforderungen (ein Mangel, der sich noch beheben ließe durch gezielte Schulungsprogramme und in einigen Fällen auch behoben wurde). Gleichzeitig tendiert das Management der Betriebe in der Türkei ganz eindeutig und zum Teil verständlich dazu, eben keine Rückkehrer einzustellen, da diese (angeblich) ein für türkische Verhältnisse viel zu hohes Anspruchsniveau an Lohn, Arbeitsbedingungen etc. mitbringen und damit zum Störfaktor im Betrieb werden.

Die Folge, soweit aus stichprobenweisen Projektevaluierungen ablesbar, ist, daß die durchschnittliche Quote der in den Betrieben beschäftigten Rückkehrer in der Regel kaum die 10 %-Grenze erreicht. Dies wiederum bedeutet, daß von bislang 12.000 Arbeitsplätzen maximal 1.000 bis 1.200 von Rückkehrern besetzt werden, oder umgekehrt, daß für weniger als 1 % der Aktionäre der zunächst noch unterstellte Wunsch, sich einen Arbeitsplatz zu "erkaufen", in die Realität umgesetzt werden konnte. Die Tatsache, daß diese Relation nicht längst zu einem Scheitern des Modells geführt hat, ist praktisch nur dadurch erklärbar, daß für die Mehrheit derjenigen, die sich an den TANG beteiligt haben, das "Arbeitsplatzmotiv" eben doch nicht jene vorrangige Bedeutung hat, die im Sinne einer indirekten Reintegrationsförderung eigentlich unterstellt werden müßte[1].

Ein erster Versuch, diese Befunde empirisch zu untermauern, wurde in der bereits erwähnten isoplan-Untersuchung 1977/78 unternommen. Eine Stichprobe von Arbeitnehmern, die sich an TANG beteiligt haben, wurden auf ihre Beteiligungsmotive hin befragt. Die Ergebnisse sind in mehrfacher Hinsicht aufschlußreich:[2]

---

1) Eine Ausnahme bildet hier nur die kleine Gruppe derer, die als Gründungs- und Vorstandmitglieder die Gesellschaft ins Leben gerufen, Kapital gesammelt haben und über Jahre in Deutschland als deren Kopf galten. Ihr Problem ist anders gelagert. Steht der Betrieb erst einmal, sind viele überfordert. Nur wenige haben, soweit der Betrieb überlebt hat, selbst mehr als zwei Jahre in leitender Position überlebt. In nicht wenigen Fällen halten die kreditierenden Banken oder örtliche Gewerbetreibende, die sich mit einem größeren Anteil eingekauft haben, Einzug in die Vorstandsetagen.

2) Jurecka, P. und Werth, M., a.a.O., S. 302 ff.

Tabelle 3   Gründe für den Kauf von Aktien von TANG (in %)

1. Ansammlung von Gewinnen	4,4 %
2. Einkommenssicherung nach der Rückkehr	22,5 %
3. persönliche Arbeitsplatzsicherung nach der Rückkehr	21,6 %
4. Beitrag zur gesamtökonomischen Entwicklung der Türkei, Schaffung von Arbeitsplätzen in der Türkei bzw. am Ort Zukunftssicherung der Nachkommen	40,1 %
5. Sonstiges	11,4 %

Quelle: isoplan Rückkehrerbefragung 1977

Aus der Sicht der Betroffenen spielt das Gewinnmotiv also in der Tat eine absolut untergeordnete Rolle, das Arbeitsplatzmotiv bleibt ebenfalls sekundär. Im Vordergrund stehen ganz offensichtlich Beweggründe, die sich, aus westlicher Sicht nicht unmittelbar nachvollziehbar, an der Entwicklung des Landes und dem Gemeinwohl der "Zuhausegebliebenen" orientierten.

Eine plausible Erklärung dieser Motivzusammenhänge findet man wohl am ehesten in der islamischen Tradition der SAKAD, der Abgabenpflicht - neben der SALAT, der täglichen Gebetspflicht, das wichtigste Gebot des Koran. Über die selbstverständliche Unterstützung der eigenen Familie hinaus dient die SAKAD der Unterstützung der Armen und Bedürftigen. Sie kommt, so will es der Koran (Sure 9, 60), der Gemeinschaft zugute. Sicherlich ist der Hinweis auf die traditionell-religiösen Verpflichtungen des wohlhabenden Moslem - und mit seinem Verdienst im Ausland zählt der Wanderarbeitnehmer zu eben dieser Gruppe - nicht in jedem Einzelfall zutreffend.

Akzeptiert man hingegen, daß generell darin eine Erklärungsgrundlage für jene erstaunliche "Massenbewegung" gefunden werden kann, an der sich Hunderttausende beteiligt haben, so sind mehrere Schlußfolgerungen zu ziehen, die für die Beurteilung der Arbeitnehmergesellschaften unter dem Gesichtspunkt der Reintegrationsförderung von einiger Bedeutung sein dürften:

a) Die eigentlichen Wurzeln und das Entwicklungspotential türkischer Arbeitnehmergesellschaften liegen in einer starken regionalen, gemeinschaftsbezogenen, "nicht-ökonomischen" Orientierung der Mehrheit ihrer Mitglieder. Zugleich ist darin aber auch eine der wichtigen Ursachen für viele "ökonomische" Probleme und Fehlschläge zu sehen. Erfolgversprechende Förderungsstrategien müssen an den daraus resultierenden Schwachstellen (Standortplanung, Marktorientierung, Wirtschaftlichkeit, Management etc.) ansetzen, dürfen aber nicht die zugrundeliegenden Motivstrukturen unterlaufen.

b) Die Beteiligung türkischer Arbeitnehmer an einer TANG ist in der Regel kein Indiz für eine aktuelle *Rückkehrbereitschaft* oder die Absicht, kurzfristig in dem Betrieb selbst einen Arbeitsplatz zu erhalten. Als Reintegrationsstrategie im Sinne einer Verstärkung des Transfers und besseren "Nutzung des Humankapitals" von Rückkehrern ist die Förderung von Arbeitnehmergesellschaften nur in engen Grenzen und unter bestimmten Voraussetzungen, auf die unten noch kurz einzugehen ist, tauglich.

c) Die *Übertragbarkeit* des "türkischen Modells" auf andere (nicht-islamische) Entsendeländer ist in seiner originären Form nicht möglich – es sei denn, man reduziert das Modell auf die simple Form einer gewinnorientierten Kleinaktiengesellschaft und verliert damit die bei TANG bestehende Massenbasis.

Kriterien der Evaluierung

Mit Absicht wurden die obigen Schlußfolgerungen mit einer scharfen Pointierung formuliert, um noch einmal den Bezugsrahmen klarzustellen für die eingangs aufgeworfene Frage nach der Wirksamkeit unterschiedlicher Strategien von "Rückkehr- und Wiedereingliederungshilfen".

Im Falle "direkter Reintegrationsstrategien", d.h. auf den einzelnen Rückkehrer bezogener Individualförderungen, sind Kriterien der Evaluierung noch relativ leicht zu finden.

Ein Zuordnungsproblem zwischen entwicklungspolitischer Zielsetzung (nämlich der Förderung der freiwilligen Rückkehr und beruflichen Wiedereingliederung) und Förderungsinstrumenten (z.B. Fortbildungsprogramme für Arbeitnehmer, die sich konkret zur Rückkehr entschlossen haben) besteht hier nicht. Erfolgskontrollen und Wirkungsanalysen können sich auf Detailfragen in der "follow-up-Phase" konzentrieren[1]. Die Angemessenheit eines beruflichen Fortbildungsprogramms etwa läßt sich an der Quote derer beurteilen, die nach der Rückkehr in dementsprechende Stellungen vermittelt werden können oder auch an den Anforderungen, die aus der betrieblichen Praxis resultieren. Das Problem liegt hier zur Zeit wohl eher darin, die Anreize für potentielle Rückkehrer zu verstärken, das bestehende Förderungsangebot aufzugreifen und die Bedingungen dafür zu verbessern, daß im Einzelfall ein entsprechender Arbeitsplatz vermittelt werden kann[2].

---

1) Womit nicht gesagt werden soll, daß auf Verlaufskontrollen in der Phase der Durchführung der Programme verzichtet werden kann, vgl. dazu: isoplan (Hrsg.), Systemanalyse und Verlaufskontrolle von Aus- und Fortbildungsprogrammen, Saarbrücken 1973.

2) Eine Forderung, die aus der Sicht der Entsendeländer im übrigen sehr umstritten ist, da dies als weitere Bevorzugung ohnehin Privilegierter angesehen werden kann.

Die Frage, inwieweit indirekte Reintegrationsstrategien, d.h. die Förderung von Arbeitnehmergesellschaften einen wirkungsvollen Beitrag zur beruflichen Wiedereingliederung leisten können, ist erheblich schwieriger zu beantworten.

Die Mobilisierung und Kanalisierung von Teilen des Sparkapitals türkischer Arbeitnehmer im Ausland in Industrieprojekte gleich welcher Machart (TANG, joint ventures, Staatsbetriebe etc.) allein ist noch kein Ziel und Kriterium erfolgreicher Reintegrationspolitik.

Das klassische Arsenal an Industrie- und Gewerbeförderungsinstrumenten (Beratung, Planungshilfen, Kredite etc.), wie es zur Zeit im Rahmen der Unterstützung türkischer Arbeitnehmergesellschaften eingesetzt wird, muß sicher im Sinne einer möglichst großen Effizienz immer wieder geprüft und verfeinert werden[1]. Zur Reintegrationspolitik wird dies alles aber erst, wenn garantiert ist, daß der Aufbau von kleinen und mittleren Industrieprojekten durch die TANG tatsächlich auch einen Anreiz zur Rückkehr für den Teilhaber, im günstigsten Fall einen Arbeitsplatz bietet, an dem er die im Ausland erworbenen Fähigkeiten sinnvoll einsetzen kann. Genau an diesem Punkt setzt aber, wie oben ausgeführt, das große Fragezeichen hinter der bisherigen Förderung von TANG als Reintegrationsstrategie an.

Zum Teil aufgrund der Finanzierungsstruktur, zum Teil aufgrund von Widerständen in den Gesellschaften und vor allem aufgrund der Motivstruktur derer, die durch den Erwerb einiger Aktien den Aufbau der Betriebe ermöglichen, ist die Zuordnung zwischen Beteiligung, Rückkehr und eigenem Arbeitsplatz (und damit die Zuordnung zwischen der Förderung von Arbeitnehmergesellschaften und Reintegrationseffekt) keineswegs selbstverständlich. Wenn annähernd 250.000 türkische Kleinaktionäre 12.000 - mittelfristig vielleicht 20.000 - Arbeits-

---

1) Zur Evaluierung von Selbsthilfeorganisationen vgl. etwa Dülfer, E., Leitfaden für die Evaluierung kooperativer Organisationen in Entwicklungsländern, Göttingen 1979.

plätze schaffen, so ist dies, wenn auch angesichts des Arbeitsplatzdefizits der Türkei eher marginal, insgesamt doch ein ganz hervorragendes Beispiel für die Möglichkeiten wirtschaftlicher Selbsthilfeinitiativen. Daß davon schließlich nur ein Bruchteil von Rückkehrern besetzt wird, ist - zumindest unter Reintegrationsgesichtspunkten - ernüchternd. Auch hier aber stellt sich die Frage, worin sinnvolle Vergleiche oder Meßkriterien gefunden werden können. 1.000, vielleicht einigen mehr "echten" arbeitsplatzbezogenen Reintegrationsfällen stehen 250.000 Mitglieder gegenüber. 1.000 qualifizierte Stellen - würde man sie den Gepflogenheiten des Entwicklungshilfegeschäfts entsprechend mit ausländischen Experten besetzen - würden pro anno einen Finanzierungsaufwand von rund 200 Mio DM erfordern, also ein Vielfaches dessen, was bislang zur Förderung türkischer Arbeitnehmergesellschaften aufgewendet wurde.

Eine günstigere Relation als die oben dargestellte ließe sich wahrscheinlich nur dann erreichen, wenn an die Stelle der derzeit üblichen Praxis der relativ breiten Streuung der verfügbaren Förderungsmittel auf flankierende Maßnahmen für eine Vielzahl von Betrieben eine intensive Schwerpunktförderung echter Rückkehrerbetriebe treten würde, die in regionale Entwicklungsprogramme eingebunden sind. Dies freilich, will man quantitativ nennenswerte Dimensionen direkter, d.h. an dem einzelnen Rückkehrer meßbare Reintegrationseffekte erzielen, würde auf deutscher Seite eine beträchtliche Erhöhung der zur Verfügung stehenden Förderungsmittel bedingen, und darüber hinaus ein sehr viel stärkeres Interesse und ein größere Kooperationsbereitschaft der verantwortlichen türkischen Behörden.

Heiko Körner

DIE ENTWICKLUNG VON RÜCKKEHRERBETRIEBEN IN JUGOSLAWIEN

Im Zusammenhang mit einer umfassenden Analyse der jugoslawischen Arbeitsmigration, die der Erfassung der sozialökonomischen Bedingungen und Auswirkungen sowohl der temporären Abwanderung als auch der Rückkehr von jugoslawischen Arbeitnehmern galt[1], ist auch eine repräsentative Gruppe von Betrieben untersucht worden, die nachweislich Rückkehrer beschäftigen.

Ziel der Analyse war es, jene betriebswirtschaftlichen und gesamtwirtschaftlichen Probleme darzustellen, die ein wirksames, wirtschaftlich erfolgreiches Arbeiten der betreffenden Betriebe behindern, weil solche Mängel auch die Chancen der wirtschaftlichen Reintegration der Rückkehrer quantitativ und qualitativ mindern.

Die Untersuchung wurde gemeinsam mit dem Center for Migration Studies in Zagreb (Leitung: Prof. Dr. Ivo Baučić) auf der Basis von zwei Befragungen in den Jahren 1975/76 und 1977[2] durchgeführt.

---

1) W. Künne: Die Außenwanderung jugoslawischer Arbeitskräfte. (Materialien zur Arbeitsmigration und Ausländerbeschäftigung, Hrsg. H. Körner, H. Korte, W. Weber, Bd. 2), Königstein/Ts. 1979.

2) M. Vedriš: Working Conditions of Return Migrant's Enterprises in Yugoslavia. Zagreb, Center for Migration Studies 1978 (hektogr. Manuskript).

Ergebnisse der Analyse von Rückkehrerbetrieben in Jugoslawien

Untersucht wurden insgesamt 16 Initiativen, die überwiegend in den Teilrepubliken Kroatien und Bosnien-Herzegowina lokalisiert sind.

Es handelt sich im einzelnen um die Firmen bzw. Betriebe

- Pionirka, Gem. Imotski, Ortsteile Arzano, Cista Velika, Cista Provo-Loureć, S.R. Kroatien
- Vinilko, Gem. Metković, S.R. Koratien
- Ivo Marinković, Gem. Metković, S.R. Kroatien
- Cetinka, Gem. Sinj, Ortsteile Tijarica, Zmijavci, S.R. Kroatien
- Aktivitäten in der Gem. Djakovo, S.R. Kroatien
- Aktivitäten in der Gem. Čakovec, S.R. Kroatien
- Initiativen in der Gem. Vukovar, Ort Bapska, S.R. Kroatien
- Betonwerk in Zagreb, S.R. Kroatien
- Polivinil in Posušje, S.R. Bosnien-Herzegowina
- 4. November in Bihać, S.R. Bosnien-Herzegowina
- Borja in Teslić, S.R. Bosnien-Herzegowina
- Ozren in Glamoč, S.R. Bosnien-Herzegowina
- Pobjeda in Tesanj, S.R. Bosnien-Herzegowina
- Aktivitäten in der Gem. Gradačac, S.R. Bosnien-Herzegowina
- Tigar in Pirot, S.R. Serbien
- Hypos-Muta in der Gem. Radlje ob Dravi, S.R. Slowenien.

Von diesem Firmen/Betrieben produzieren 3 im Produktionsbereich Kunststoffbe- und -verarbeitung (Vinilko, Cetinka, Polivinil), 3 weitere im Bereich Holzbearbeitung und -verarbeitung (I. Marinković, 4. November, Borja), 2 in der Textilienherstellung (Pionirka, Čakovec), 2 im Pumpen- und Filterbau (Pobjeda, Hypos-Muta) und je 1 in den Bereichen Baustoffe (Zagreb), Nahrungsmittelverarbeitung (Glamoč), Hotelgewerbe (Gradačac) und Reifenherstellung (Tigar).

Tatsächlich die Produktion aufgenommen hatten zum Bearbeitungszeitpunkt (Sommer 1977) lediglich die Betriebe Pionirka, Polivinil, Hypos-Muta und Tigar. Insofern beziehen sich die Erkenntnisse über die übrigen Initiativen auf das Planungsstadium.

Allgemein ist festzustellen, daß die Betriebe in Gebieten mit besonders hoher Arbeitslosigkeit und Abwanderungsintensität lokalisiert sind. Die *Initiativen* sind überwiegend von den dortigen Gemeinden ausgegangen. Ausnahmsweise treten auch Einzelpersonen (Zagreb) oder Gruppen von Rückwanderern (Hypos-Muta) als Initiatoren auf, die dann auch besonders erfolgreich sind. *Formelle Träger* sind entweder bereits existierende Firmen (Pionirka, Cetinka, Pobjeda, Tigar z.B.) oder zum Zwecke der Arbeitsbeschaffung erfolgte Neugründungen.

Die Reintegration rückkehrender "Gastarbeiter" ist oft nur ein Nebenziel der Initiativen. Hauptziele sind meist die allgemeine Wirtschaftsbelebung der Gemeinden und die Schaffung von Arbeitsplätzen für alle Bevölkerungsgruppen. Faktisch nehmen Rückkehrer deshalb auch nur einen kleinen Teil der neu geschaffenen Arbeitsplätze ein. Entsprechend beläuft sich auch die finanzielle Beteiligung der Rückkehrer an den Firmen im Durchschnitt auf lediglich 10 bis 30 % des vorhandenen Kapitals.

Die Beschäftigung von Rückkehrern wird jedoch positiv bewertet, weil man sich hiervon die Nutzung von im Ausland erworbenen Kenntnissen erhofft und die Deviseneinlagen der im Ausland beschäftigten jugoslawischen Arbeitnehmer bei inländischen Geschäftsbanken zudem als Grundlage für die Kreditgewährung dieser Banken an die betreffenden Firmen dienen. Zugleich eröffnen solche Devisenguthaben die Möglichkeit, die zur Produktion erforderlichen Vormaterialien und Maschinen aus dem Ausland zu importieren.

Die Zwischenschaltung des Geschäftsbankensystems hat sich bei der Aufnahme von Rückkehrerdarlehen als unumgänglich erwiesen, da die Rückkehrer (wohl aus Mangel an Vertrauen) Schuldverschreibungen nicht annehmen, die die Firmen selbst begeben.

Die Analyse der einzelnen Firmen/Betriebe hat folgende *typische Probleme* aufgedeckt:

- Im *Bereich der Finanzierung* ist in den meisten Fällen eine Unterkapitalisierung festzustellen: Besonders Umlaufkapital ist oft nicht vorhanden. Die Fremdkapitalkomponente (teure Kredite der regionalen Geschäftsbanken) erreicht kritische Höhen. Notwendige Investitionen in Gebäude und Anlagen unterbleiben deshalb in vielen Fällen.

- Im *Bereich der Betriebsführung* fehlt meist qualifiziertes technisches und kaufmännisches Personal, da die Entlohnung nicht attraktiv und die Lebensqualität in den wenig entwickelten Landgebieten nicht hoch ist. Eine angemessene Beratung, wie auch eine wirtschaftlich und technisch sinnvolle Betriebsführung ist deshalb nicht gewährleistet. Investitionspläne und Produktionsprogramme werden zudem oft ohne Rücksicht auf Beschaffungs- und Absatzmärkte wie auch auf die Branchenlage aufgestellt.

- Im *Bereich der Betriebstechnik* ist (besonders bei den Konsumgüter produzierenden Betrieben) festzustellen, daß die schlechte Betriebsablaufsorganisation, die überwiegend veraltete Technologie und der schlechte Ausbildungsstand der Beschäftigten (auch der Rückkehrer!) die Qualität der Produkte und den Betriebsablauf beeinträchtigen. Lange Ausfallzeiten und chronisch geringe Kapazitätsauslastung sind die Folgen. Die ausgezahlten Löhne liegen deshalb (so z.B. bei Pionirka) oft unterhalb des garantierten Minimumlohnes.

- Im *Bereich Absatz und Beschaffung* ist (vom Pumpenbau und der Reifenindustrie abgesehen) eine systematische Anbindung der Betriebe meist nicht gewährleistet. Notwendige Inputs können oft nicht, zumindest nicht rechtzeitig, beschafft werden. Der Produktabsatz stagniert wegen schlechter Absatzorganisation oder Marktübersättigung (Textilbereich).

Weitere Schwierigkeiten ergeben sich aus dem wirtschaftlichen und gesellschaftlich-politischen Kontext, in dem die Firmen/Betriebe arbeiten:

- Jene Firmen/Betriebe, die in wirtschaftlich gering entwickelten Regionen angesiedelt sind (z.B. im dalmatinischen Bergland), leiden unter schlecht ausgebauter materieller Infrastruktur, geringer ökonomischer Marktinterdependenz und fehlenden Agglomerationsvorteilen. Die sozialen Anlauf- und Erschließungskosten sind hoch, werden jedoch durch das Fehlen angemessener Krediterleichterungen, steuerlicher Entlastungen und Zuschüsse aus den Entwicklungsfonds der Teilrepubliken nicht kompensiert.

- Zwar werden den Initiativen der Gemeinden bzw. der einzelnen Gruppen entsprechend der Wirtschaftsgesetzgebung von 1976 offiziell keine Hindernisse bereitet, doch sind die politischen und wirtschaftlichen Lenkungsorgane auf den Ebenen der Teilrepubliken und des Bundesstaates in der Regel eher desinteressiert.

Zudem behindern administrative Hemmnisse den Aufbau von Betrieben oft erheblich: Langwierige Verfahren bei der Erteilung der Betriebsgenehmigung, von Importgenehmigungen für ausländische Maschinen, hohe Zölle und der Importdepotzwang verzögern die Inbetriebnahme oft um bis zu vier Jahren. Wird eine Kooperation mit ausländischen Partnern angestrebt (Hypos-Muta), bilden die auch hierzu notwendigen zeitraubenden Genehmigungsverfahren fast unüberwindliche Hindernisse.

Schließlich scheinen die regionalen Geschäftsbanken, da allein an engen Wirtschaftlichkeitskriterien interessiert, bei der Finanzierung entsprechender besonderer Risiken wenig hilfreich zu sein.

Ingesamt ergeben die Erfahrungen der bislang überhaupt aktiven Firmen/Betriebe ein gemischtes Bild: Nur diejenigen Firmen/Betriebe, die sich entweder auf vorhandene größere Firmen (Tigar/Pirot, Pobjeda/Tesanj) oder auf eine Gruppe gut ausgebildeter, informierter und motivierter Rückwanderer (Hypos-Muta/Radlje ob Dravi) stützen, die in einer sozial-ökonomisch relativ entwickelten Umgebung arbeiten und mit ihrem Produktionsprogramm (Reifen, Pumpen, Filter, Hydraulik) entwicklungsnotwendige Inputs produzieren, scheinen auch wirtschaftlich erfolgreich zu arbeiten. Da in diesen Fällen bislang importierte Güter für den Inlandsmarkt hergestellt werden, kann hier sogar ein Importsubstitutionseffekt erwartet werden. Von allgemeinen positiven Anstoßeffekten auf die Umgebung der betreffenden Betriebe ist allerdings nichts bekannt.

Hingegen scheinen alle nur denkbaren betriebswirtschaftlichen und allgemeinökonomischen Schwierigkeiten bei der im Textilsektor tätigen Firma Pionirka/Imotski zu kumulieren, die ohne ausreichenden wirtschaftlichen Rückhalt auf einem übersetzten Markt in sozial und wirtschaftlich rückständigem Milieu operiert. Unter solchen Bedingungen scheint der Erfolg weitgehend von guter wirtschaftlich-technischer Beratung und von gezielten Maßnahmen der Regionalentwicklung abzuhängen.

Beurteilung der Ergebnisse unter reintegrationspolitischer Sicht

Im Vergleich mit den türkischen Arbeitnehmergesellschaften (TANG) ist die Reintegrationsleitung der jugoslawischen Initiativen noch gering. Dies ist wohl weniger auf die Tatsache zurückzuführen, daß TANG bereits seit Beginn der siebziger Jahre gefördert werden, sondern vornehmlich darauf, daß das *Förderungsinstrumentarium* für TANG[1] besser ausgebildet ist:

- TANG basieren auf dem Zusammenschluß türkischer Arbeitnehmer bereits in Westdeutschland, mit dem Ziel, einen Betrieb im Heimatland durch eine Selbsthilfeorganisation aufzubauen. Die Firmenanteile werden (als Namensaktien) direkt an die türkischen Arbeitnehmer verkauft; die Anteilseigner werden bei Rückkehr bei der Vergabe von Arbeitsplätzen bevorzugt.

- TANG werden institutionell durch die bilaterale Kooperation Türkei-Bundesrepublik Deutschland unterstützt ("Ankara-Abkommen") spezieller Kapitalfonds und Subventionsprogramm der Bundesregierung seit 1978). Ferner wirkt in der Türkei die "Bank für Staatsindustrie und Arbeiterinvestitionen" (DESIYAB) bei der Finanzierung von TANG mit. Zinssubventionen, Abschreibungserleichterungen, Steuererleichterungen und ein Zollerlaß beim Import von Maschinen und Ausrüstungen kommen den TANG zugute. Ferner werden der Aufbau und die Unternehmensführung der TANG durch das BMZ-ISOPLAN-Beratungsprogramm (mit Büro in Istanbul) unterstützt.

---

1) M. Werth, N. Yalcintas: Migration and Re-integration: Transferability of the Turkish Model of Return Migration and Self-Help Organisations to other Mediterranean Labour-exporting Countries. World Employment Programme Research Working Papers, No. 29, S. 16 ff., ILO, Geneva 1978.

Ein entsprechendes Beratungs- und Hilfsprogramm fehlt in Jugoslawien (wie auch übrigens in Griechenland) noch vollständig: Die jugoslawischen Aktivitäten erscheinen daher unkoordiniert und zufällig.

Dementsprechend erscheint der *Stand der TANG* rein zahlenmäßig auch günstiger: Im März 1978 arbeiteten bereits 42 Gesellschaften mit 78.562 Mitgliedern und 5.283 neuen Arbeitsplätzen. In Vorbereitung befanden sich weitere 99 Gesellschaften. Werth und Yalcintas rechnen mit indirekten Beschäftigungseffekten von 45-50.000 zusätzlichen Arbeitsplätzen. Der direkte Rückwanderungseffekt sei aber noch gering[1]. Die Aktivitäten verteilen sich hauptsächlich auf die Branchen Textil und Leder, Baumaterialien, Metall und Maschinenbau, Elektromaschinen, Holz und Papier, Nahrungsmittelverarbeitung[2].

Hier zeigt sich, daß - ähnlich wie in Jugoslawien - die direkten Beschäftigungseffekte offensichtlich klein sind, und daß die in Westdeutschland lebenden türkischen Arbeitnehmer allein wegen ihres finanziellen Engagements nicht an der sofortigen Rückkehr interessiert sind. In Jugoslawien hingegen treten oft gerade bereits zurückgekehrte Arbeitnehmer als Initiatoren auf.

Über die wirtschaftliche Lage einzelner TANG sind keine Details verfügbar. Allerdings werden in Zusammenhang mit den TANG *allgemeine Probleme* diskutiert, die denen der jugoslawischen Initiativen ähneln[3]:

---

1) M. Werth, N. Yalcintas, a.a.O., S. 20 ff.

2) M.E. Günçe: Turkey-Turkish Worker's Companies. Forschungsinstitut der Friedrich-Ebert-Stiftung. Bonn 1978, S. 29.

3) M.E. Günçe, a.a.O., S. 17, 22 f., 34; S.A. Bahadir: Vor- und Nachteile der Wanderung von Arbeitskräften für die türkische Volkswirtschaft. In: Mitt.AB., 11. Jg. (1978), S. 480.

- überlange Dauer der Projektierungsphase

- mangelhafte Kooperation mit Staatsinstanzen und Unübersichtlichkeit des Förderungsinstrumentariums

- Mangel an qualifizierten Betriebs- und Firmenleitern

- hohe Verwaltungskosten

- schwache Eigenkapitalbasis
  (Deckung aus Eigenmitteln ca. 30 bis 40 %)

- große regionale Streuung und Gebundenheit der Initiativen an das Milieu des Herkunftsortes.

Zusammenfassend lassen sich diese Probleme auf *zwei grundlegende Mängel* reduzieren, die offensichtlich die Initiativen in allen Ländern gleichermaßen behindern: *Das Fehlen von Managementberatung* erschwert die Wirtschaftsführung und die Gestaltung sinnvoller Betriebsabläufe im unterentwickelten Milieu. *Das Fehlen einer flexiblen und unbürokratischen Unterstützung von seiten der Behörden* akzentuiert den Mangel an Fühlungsvorteilen und an externen Ersparnissen in rückständigen Regionen. Von der Behebung dieser Mängel dürfte der zukünftige Erfolg von Reintegrationsinitiativen wesentlich abhängen.

Schließlich scheint sich ein weiteres Hindernis für eine rationale, d.h. an den entwicklungspolitischen Notwendigkeiten der Entsendeländer orientierte Politik des Aufbaus von Rückkehrerindustrien aus dem *beschränkten Erwartungshorizont der Rückwanderer* selbst zu ergeben. Keines der untersuchten Länder verfügt über ein arbeitsmarktpolitisches Instrumentarium, das potentielle Rückwanderer über Investitions- und / oder Arbeitsplatzchancen unterrichtet und durch entsprechende Lenkungsmaßnahmen das Angebot an Arbeitnehmern bestimmter Qualifikationen mit der auftretenden Nachfrage nach bestimmten Qualifikationen zum Ausgleich bringt.

Mangels anderen Wissens bleiben daher potentielle Rückwanderer auf Aktivitäten in der Region ihrer eigenen Herkunft fixiert und planen dort die Anlage ihrer Ersparnisse vornehmlich in Grund- und Hausbesitz sowie in langlebige Konsumgüter[1]. Die *Verbesserung der Information über Arbeitsmarktlage und Investitionschancen* auch für jugoslawische Arbeitnehmer schon in Westdeutschland erscheint insofern als wesentliche Voraussetzung einer erfolgreichen Reintegrationsstrategie.

---

1) C. Bock, F. Tiedt: Befragung jugoslawischer Haushalte in der Bundesrepublik Deutschland. World Employment Programme Research Working Papers No. 33 G. ILO, Geneva 1978, S. 143 ff.

Siegfried Schultz

ANSÄTZE ZUR EINDÄMMUNG DER ABTRÄGLICHEN WIRKUNGEN DES
"BRAIN DRAIN" DURCH GEZIELTE REINTEGRATIONSMAßNAHMEN

Die Wirkungen zeitweiliger oder endgültiger Abwanderung für das Ursprungsland hängen in wesentlichem Umfang davon ab, welches Qualifikationsniveau die Arbeitskräfte zum Zeitpunkt der Abwanderung erworben hatten. Dies gilt vor allem für die Arbeitsmarkteffekte, in geringerem Umfang auch für die Zahlungsbilanzeffekte (vgl. Thesenpapier von H. Körner). Bei ihnen ist der Zusammenhang indes loser, weil das Ausbildungsniveau zwar mit der Stellung im Beruf - und damit der Einkommenshöhe - korreliert, aber nicht identisch ist. (Vgl. isoplan-Studie "Das Fachkräftepotential aus Entwicklungsländern in der Bundesrepublik Deutschland".)[1]

Entsprechend sind die Verluste für das Heimatland im Prinzip um so stärker, je höher der Ausbildungsgrad. Es ist eine Vergeudung ohnehin knapper Ressourcen, jemand auszubilden, der schließlich das Land verläßt und seine berufliche Qualifikation im Ausland verwertet *(skill) drain)*. Dabei erstreckt sich der Verlust für das Entwicklungsland nicht nur auf die unmittelbare Wirkung des Nettoabgangs ausgebildeter Kräfte, der sich schließlich auch auf den Umfang der Produktion auswirkt. Vielmehr verschärft sich auch die Konkurrenz um die verbleibenden Fachkräfte, und in Höhe des erforderlichen Ersatzbedarfs entstehen zusätzliche Ausbildungskosten. Wiederholt sich dieser Vorgang und gewinnt er an Bedeutung, wird sich ein weiterer Effekt einstellen: Die betroffenen Betriebe werden wegen des Abwanderungsrisikos müde, ständig neue Leute auszubilden, und es beginnt ein fataler Zirkel: Man stellt, wo immer möglich, auf kapitalintensivere Produktionstechniken um - ein Vorgang, der zwar die Produktivität erhöht, aber (über höheren Importbedarf) den Deviseneffekt schmälert und die Gesamtbeschäftigung drückt.

---

[1] Institut für Entwicklungsforschung und Sozialplanung GmbH, Saarbrücken und Bonn 1977 (Endbericht eines Forschungsauftrages des Bundesministeriums für wirtschaftliche Zusammenarbeit).

Seit Jahren die größte internationale Publizität hat die relativ kleine Personengruppe hochqualifizierter Fachkräfte. Diese bereits in verschiedenen internationalen Gremien geführte Diskussion über Arbeitskräftewanderungen bezieht sich auf die endgültige Abwanderung etwa von Ärzten, Ingenieuren und Wissenschaftlern *(brain drain)*[1].

Ein nicht unerheblicher Teil der brain drain-Literatur bezieht sich vor allem auf die begriffliche Differenzierung und Abgrenzung. Das dahinter stehende Problem ist jedoch nicht linguistischer[2] oder definitorischer Art, sondern im Kern geht es um den ökonomischen Aspekt des substantiellen Verlustes an Humankapital in bestimmten Qualifikations- und Berufsgruppen sowie den politischen Aspekt der Anerkennung und eventuellen Durchsetzung von Kompensationsforderungen im Nord-Süd-Dialog. Denn es sei eine "perverse Subventionierung" des Nordens durch den Süden und ein Transfer von Technologie und Wissen in der falschen Richtung.

Es ist jedoch darauf hinzuweisen, daß hochqualifiziertes wissenschaftlich-technisches Personal seit jeher durch eine überdurchschnittlich hohe internationale Mobilität (allerdings in einer Richtung) gekennzeichnet ist[3]. Dies zeigte sich erneut in der jüngeren Geschichte nach dem Zweiten Weltkrieg bei der Wanderung von Europa in Richtung USA. Das Spezifische der Elitenmigration seit Anfang der 60er Jahre von Süd nach Nord ist jedoch das die normalen Abgänge übersteigende Ausmaß in einigen Herkunftsländern und die Konzentration auf bestimmte Berufsgruppen.

---

1) Der Ausdruck "brain drain" wird in der Literatur unterschiedlich weit interpretiert. Hier werden darunter im wesentlichen Fachkräfte mit akademischer Ausbildung verstanden. Die umfassendste Definition umschließt "high-level, skilled or professional, technical and kindred manpower" (Bhagwati).

2) P. Vas-Zoltán, The Brain Drain. An Anomaly of International Relations, Budapest 1976.

3) Vgl. H.P. Schipulle, Ausverkauf der Intelligenz aus Entwicklungsländern? Eine kritische Untersuchung zum Brain Drain (Arnold-Bergstraesser-Institut: Studien zur Entwicklung und Politik, 2) München 1973.

Illustriert an dem besonders deutlichen Beispiel der Abwanderung von Ärzten, die die medizinische Versorgung statt zu Hause in einem Industrieland verbessern helfen, ist die Lage dramatisch in einigen asiatischen Ländern. UNCTAD-Angaben[1] zufolge haben dort in bestimmten Jahren 20 bis 30 % (Philippinen, Indien) bzw. 50 bis 70 % (Pakistan) einer Jahrgangsstufe von Universitätsabsolventen das Land verlassen; im Iran und in Syrien reduzierten die Abgänge in einzelnen Jahren die Gesamtzahl von Ärzten im Lande um 30 bzw. 40 %.

Schließlich ist auf einen weiteren Aspekt hinzuweisen. Man würde zu kurz greifen, wenn nur die Abwandernden mit bereits vorhandener beruflicher Qualifizierung berücksichtigt würden. So vermittel der zeitweilige Aufenthalt im Ausland (praktische Arbeit, Studium) berufliche Fähigkeiten, die im Heimatland von Nutzen sein können. An diesen Aspekt des Auslandsaufenthaltes knüpfen sich viele Hoffnungen, deren Berechtigung jedoch erst ansatzweise empirisch überprüft worden ist. In der frühen Phase intensiver internationaler Wanderung von Arbeitskräften herrschte die Erwartung, die Rückkehrer würden in beruflicher Hinsicht uneingeschränkt von den Lerneffekten im Ausland profitieren und die neu erworbenen Fähigkeiten in ihrem Heimatland fortschrittsfördernd einsetzen. Die bisher gemachten Erfahrungen sprechen dagegen, daß das zugrunde liegende Verständnis von der Bildung und Übertragung von Humankapital realistisch war; die tatsächlichen Impulse waren weit schwächer als erhofft.

Unter den Maßnahmen zum Gegensteuern soll hier vor allem die Förderung der Rückwanderung angesprochen werden (Alternative: Kontrolle der Abwanderung). Derartige Reintegrationsmaßnahmen können von verschiedenen Seiten ausgehen:

---

1) TD/239, Tabelle 2.

1. vom Ursprungsland, z.B.

    - türkische Arbeitnehmergesellschaften seit etwa 1972, bei denen im Ausland gesammelte Ersparnisse Investitionsprojekten in der Heimat zugeführt werden. Dabei mischen sich private Interessen (Arbeitsplatz für die spätere Rückkehr, Rendite) mit öffentlichen (Gewerbeförderung, Industrialisierung des ländlichen Raums).

    - gezielte Arbeitsmarktpolitik Jugoslawiens (1977) zur Erleichterung der Reintegration von Rückkehrwilligen.

2. von internationalen Organisationen (UNDP, UNIDO) und

3. vom Gastland:

    Ein erfolgversprechender und daher zunehmend beschrittener Lösungsweg scheint die systematische Rückführung der Studienabsolventen im Rahmen von Reintegrationsprogrammen zu sein. Auf diesem Gebiet der "entwicklungspolitischen Aktivierung und Mobilisierung des Fachkräftepotentials der Entwicklungsländer"[1] konnten in der Bundesrepublik bereits einige Erfahrungen gesammelt werden. Diesen Aufgaben wenden sich inzwischen auch die Kultusministerien und die einzelnen Hochschulen mit praxisorientierten Aufbaustudien zu, die auf die Bedürfnisse der Dritten Welt ausgerichtet sind.

Es ist allerdings zu warnen vor überzogenen Erwartungen an derartige Ansätze: Das entwicklungspolitisch aktivierbare Rückkehrerpotential ist weit geringer als die jeweilige Bestandszahl zu veranschlagen. Reintegrationsprogramme können auch aus politischen und sozialen Gründen nur einen recht begrenzten Teil der gesamten Zielgruppe erreichen (Probleme im Heimatland nicht entschärft, erfolgreicher Anpassungsdruck und familiäre Bindung im Gastland). Immerhin ist dies aber ein Beitrag, dem Verlust qualifizierter Kräfte einen bescheidenen Strom in entgegengesetzter Richtung entgegenzustellen.

---

1) M. Werth/isoplan, Das Fachkräftepotential ..., Kurzfassung, S. II (Vorwort).

Von den verschiedenen in der Bundesrepublik und der Schweiz begonnenen Weiterbildungsprogrammen, die im Universitätsbereich auf Reintegration zielen[1], sollen hier - skizzenhaft - die wichtigsten Charakteristika genannt und einige Erfahrungen vorgestellt werden, die an der Technischen Universität Berlin gemacht wurden:

Der sogenannte *Nach-Diplom-Kurs* der TU ist ein interdisziplinäres Reintegrationsprogramm, das nach Vorarbeiten in einem Arbeitskreis der Universität in konsequenter Fortsetzung studienbegleitender Maßnahmen ins Leben gerufen und mit Unterstützung des Bundesministeriums für wirtschaftliche Zusammenarbeit (BMZ) und der Zentralstelle für Arbeitsvermittlung (ZAV) Frankfurt/M. durchgeführt wird. Es wendet sich speziell an die Zielgruppe der Absolventen in den Ingenieurwissenschaften. Zur Zeit gibt es ca. 3.500 Studenten aus der Dritten Welt an der TU. Davon schließen jährlich etwa 150 bis 200 ihr Ingenieur-Studium mit dem Diplom ab.

Mit diesem Kurs (er dauert ein halbes Jahr und schließt einen Auslandsaufenthalt von 4 Wochen ein) sollen ausländische Hochschulabsolventen (bisher zwischen 20 und 30 Teilnehmern pro Durchgang) für eine entwicklungspolitisch relevante Tätigkeit weiterqualifiziert werden, und es soll ihre Rückkehr insbesondere auch durch die "Herstellung innerer Beziehungen zwischen der Rückkehrmotivation und der Berufstätigkeit" erleichtert werden. Es besteht weder die Absicht, fachspezifische Kenntnisse zu vertiefen noch ingenieurberufsbezogene Zusatzqualifikationen zu vermitteln.

Ziel des Nachdiplomkurses ist es somit, Defizite des regulären Ausländerstudiums abzubauen bzw. spezielle, für die Berufstätigkeit und die Entwicklung von Wissenschaft und Technologie in der Dritten Welt relevante Themen zu behandeln und entsprechende Fähigkeiten einzuüben.

---

1) - Interdisziplinäres Nachdiplomstudium über Probleme der Entwicklungsländer (indel) ETH Zürich;
 - Kurse an der TU Braunschweig und der TU Clausthal;
 - Technologie in den Tropen, Fachhochschule Köln;
 - Internationale Management Praxis, Kübel-Stiftung;
 - Hochschuldidaktik und Internationale Entwicklung, Gesamthochschule Kassel sowie
 - Deutsches Institut für Tropische und Subtropische Landwirtschaft, Witzenhausen.

Der Kurs versteht sich damit auch als ein Mittel zur Verhinderung von brain drain und zur Erleichterung der Reintegration.

Eine der zentralen Schwierigkeiten bei der Vermittlung von "funktional relevanten Kenntnissen und Fertigkeiten für die Ingenieurtätigkeit in Entwicklungsländern" besteht darin, daß bisher kaum brauchbare Analysen des Berufsfeldes von wissenschaftlich ausgebildeten Ingenieuren in Entwicklungsländern vorliegen. Näherungswerte mußten daher abgeleitet werden aus

- den wenigen Ansätzen zur Untersuchung von Einzelaspekten dieses Berufsfeldes,
- einer Systematisierung von Erfahrungen (an der TU Berlin) aus der Zusammenarbeit mit Ländern der Dritten Welt im ingenieurwissenschaftlichen Bereich,
- einer vorläufigen Einschätzung des Studienverlaufs und der -ergebnisse (Stärken und Schwächen) von ausländischen Studienabsolventen und der einschlägigen Diskussion um eine Reform des Ausländerstudiums,
- informellen Gesprächen mit Vertretern der Berufspraxis und
- der Auseinandersetzung mit der zur Zeit international laufenden Debatte über Formen "angepaßter Technologie"[1].

Es ist hervorzuheben, daß sich das Curriculum des Kurses noch in der Erprobungsphase befindet und insofern von Durchgang zu Durchgang (gegenwärtig läuft der zweite) Revisionen unterliegt. Zu den Kernqualifikationen, die es für einen Ingenieur mit späterem Einsatz in einem Entwicklungsland zu erwerben gilt, gehört eben nicht nur fachliches Spezialwissen, sondern auch die Kompetenz, die Auswahl von Technologien unabhängig von kurzfristigem ökonomischen Kalkül oder technologischer 'Modernität' und 'Eleganz' zu treffen sowie die sozialen Konsequenzen alternativ zur Verfügung stehender Technologien verantwortlich abzuschätzen.

---

1) Aus: Evaluierungsbericht des ersten Kurses, durchgeführt i.A. des Präsidenten der TU Berlin (Verf.: I. Meyer).

Kritisch ist hier anzumerken, daß dieses Lernziel offenkundig sehr ambitioniert ist und es zumindest fraglich erscheint, ob die für den Erwerb derartiger Fähigkeiten (man denke z.B. an die Fähigkeit zur Entwicklung fundierter Kriterien, die Kenntnis von Methoden und einem systematischen Ansatz bei der Projektprüfung, Verständnis anderer Disziplinen, Einfühlungsvermögen in komplexe Sachverhalte, Offenheit für Alternativen) erforderliche Vertrautheit mit der Praxis in einem Studienkurs mit dem Schwerpunkt im Hörsaal bzw. Seminarraum überhaupt vermittelt werden kann. Er kann allenfalls sensibilisieren und auf den "Praxisschock" vorbereiten; die Lösungen müssen dann individuell gefunden werden. Zur Herstellung dieses Praxisbezugs wurde in dem abgeschlossenen ersten Kurs eine Reihe von Vertretern von Firmen und Institutionen als Berater oder als Referenten gewonnen. Hinzu kommen Kontakte zu ortsansässigen Produktionsbetrieben und Consulting-Unternehmen wie auch zur GTZ und UNIDO.

Man kann davon ausgehen, daß im Verlauf des ersten Durchgangs im großen und ganzen die folgenden Ergebnisse erreicht wurden[1]:

Es wurden *Kenntnisse erworben bzw. verbessert* in bezug auf

1. den *Zusammenhang von Technologie und Entwicklung* (Struktur der technischen Zusammenarbeit zwischen Nord und Süd, Merkmale der Industrialisierung und Grundzüge von Industrialisierungsstrategien, Probleme des Technologietransfers, Konzepte der angepaßten Technologie),

2. die Anlage, Durchführung und Auswertung einer Untersuchung sowie die Methodik und Technik der *Projektevaluierung,*

3. die Strukturierung und das Abfassen von Berichten *(Schreibtechnik).*

---

1) Vgl. die angesprochene Evaluierung.

Die Punkte 2 und 3 klingen zwar banal, sind aber auch kennzeichnend für die Outputsituation einiger Studiengänge an unseren Hochschulen, insbesondere im ingenieurwissenschaftlichen Bereich. (Ein Vergleichstest über entsprechende Fähigkeiten bei deutschen Absolventen brächte vermutlich überraschende Ergebnisse.)

Noch nicht befriedigend war der Grad der Zielerreichung in bezug auf die praxisgestützte Orientierung auf das *Berufsfeld des Ingenieurs* in Entwicklungsländern: Rückschauend ist festzustellen, daß hier offenbar das Ziel zu hoch gesteckt war. Denn im Gegensatz zu Industrieländern gibt es für wissenschaftlich ausgebildete Ingenieure in Entwicklungsländern (aufgrund des Industrialisierungsgrades und im Gegensatz etwa zu Medizinern und Lehrern, deren beruflicher Standort eindeutig ist), weder klar umrissene Berufsbilder noch einen überschaubaren Arbeitsmarkt[1]. Die Funktion der Planung und Beratung, des eigentlichen Engineering, des Managements und schließlich der Kontrolle industrieller Entwicklungsprojekte ist in einem Bereich zwischen öffentlicher Verwaltung und Einzelbetrieb angesiedelt.

Unzulänglich sind bisher auch die *Kontakte* zur Vorbereitung der Rückkehr. Hier blieben Wünsche auf allen Seiten offen (Veranstalter, Financiers und Teilnehmer). Bei den Kontaktgesprächen mit den Vertretern der Berufspraxis fiel auf, daß die Teilnehmer ihre Interessen und Vorstellungen in bezug auf eine zukünftige Berufstätigkeit wenig konkretisieren können. Ein auch in bezug auf die Anknüpfung relevanter Kontakte wichtiges, nämlich vorausschauendes, auch Alternativen in Erwägung ziehendes Denken und Handeln ist kaum entwickelt. Damit korrespondierte in Einzelfällen eine eher passive und abwartende Haltung, die die Möglichkeiten, die der Kurs bietet, in Anspruch nimmt, aber keineswegs besonders aktiv um eine Klärung von Perspektiven und Möglichkeiten bemüht ist.

---

1) Hier und im folgenden werden verschiedene Punkte des Abschlußberichts der Kursleitung über den ersten Lehrgang aufgegriffen (Verf.: T.Z. Chung).

Bei dem Vergleich von Anspruch und Wirklichkeit, also Konzeption und
Durchführung des Kurses, wurden auch *Zielkonflikte* sichtbar: Die
Auffassung der Verwaltung (im Industrie- und Entwicklungsland), Reintegration
sei im wesentlichen Förderung der Rückwanderung in die
Heimatländer (Indikator: Rückkehrquote), deckt sich nicht mit der hochschulpädagogischen
bzw. -politischen Vorstellung, derartige Programme
als einen Kernteil der Reformanstrengungen um das Curriculum des
entwicklungsländerbezogenen Ausländerstudiums anzusehen - ganz zu
schweigen von divergierenden Eigeninteressen der Teilnehmer.

Insgesamt ist der hier bruchstückhaft vorgestellte Ansatz in bezug auf
seinen Umfang zwar nur "ein Tropfen auf den heißen Stein", und er befindet
sich noch im 'Labortest'. Auch wird in einem solchen Kurs von den
gesamten Rahmenbedingungen für erfolgreiche Reintegration im wesentlichen
die Aussicht auf eine interessante Berufstätigkeit angesprochen
und sogenannte Schwellenangst abgebaut. Weitere Faktoren, die die Bereitschaft
zur Rückwanderung bestimmen (Familienbindungen, kulturelle
Verbundenheit oder politische Einsicht), entziehen sich der Beeinflussung.
Dennoch sind derartige Programme bei allen Schwierigkeiten
(seien sie vorübergehender Natur oder prinzipieller Art) ein Schritt
in die richtige Richtung, denn sie sind ein konstruktiver Beitrag zur
Eindämmung des brain drain. Erst sachdienliche Vorbereitung auf die
vorherrschenden Bedingungen im Entwicklungsland und eine entsprechende
Motivation fügen der physischen Rückwanderung jene zusätzliche
Qualität hinzu, die die Benutzung des Wortes Reintegration rechtfertigt.

Ulrich Hiemenz

INVESTITIONSCHANCEN DES KAPITALS AUSLÄNDISCHER ARBEITNEHMER IN IHREN HERKUNFTSLÄNDERN

1. Zur Problematik von Reintegrationspolitiken

Nachdem seit Mitte der siebziger Jahre die Beschäftigungsmöglichkeiten für ausländische Arbeitnehmer aus Nicht-EG-Ländern in allen europäischen Industrienationen drastisch eingeschränkt wurden, sind Fragen der Reintegrationspolitik für rückwandernde Gastarbeiter zu zentralen Themen der Gastarbeiterforschung, aber auch der politischen Administration geworden. Im Mittelpunkt standen dabei zunächst die Wiedereingliederung von Rückwanderern in den Arbeitsprozeß in ihren Heimatländern sowie ihre soziale Reintegration. Die Schwierigkeiten, die einer Wiedereingliederung in Ländern mit ohnehin chronischen Arbeitsmarktproblemen und einer dualistischen Wirtschaftsstruktur entgegenstehen, und die Beobachtung, daß im Ausland angespartes Kapital nach der Rückkehr häufig konsumtiven Zwecken zugeführt oder in volkswirtschaftlich unproduktive Kapitalanlagen (Immobilien) investiert wird, haben inzwischen zu verstärkten Überlegungen geführt, wie Gastarbeiter-Kapital für den Reintegrationsprozeß und darüber hinaus auch für die gesamtwirtschaftliche Entwicklung der Heimatländer nutzbar gemacht werden könnte. Angesichts der Größenordnungen von Gastarbeiterüberweisungen in ihre Heimatländer und des in den Beschäftigungsländern angesammelten Sparkapitals (z.B. in Arbeitnehmer-Kapitalgesellschaften) werden hohe Erwartungen an den Beitrag geknüpft, den Gastarbeiterkapital zur Schaffung neuer Arbeitsplätze, zur Ankurbelung der Wirtschaftsentwicklung in zurückgebliebenen Regionen und zur Beschleunigung des gesamtwirtschaftlichen Industrialisierungsprozesses leisten kann.

Dabei ist allgemein anerkannt, daß eine Voraussetzung für den produktiven Einsatz dieses Kapitals eine Reintegrationspolitik seitens der Heimatländer ist, die nicht nur Informations- und Kommunikationsprobleme abbaut und Starthilfen in Form von Steuererleichterungen oder ähnlichem gewährt, sondern die den Zufluß durch selektive Anreize auch in Verwendungen lenkt, in denen sowohl der private als auch der volkswirtschaftliche Nutzen der Investitionen möglichst hoch sind. Erste Ansätze zur Formulierung einer solchen Politik haben sich vorwiegend von arbeitsmarkt-, regional- und sozialpolitischen Zielsetzungen leiten lassen; der Zusammenhang zwischen diesen Zielen und den gesamtwirtschaftlichen Rahmendaten, die Investitionsentscheidungen generell beeinflussen sowie der gesamtwirtschaftlichen Industrialisierungs- und Außenhandelspolitik ist zunächst vernachlässigt worden. Es liegt aber auf der Hand, daß es für niemanden nützlich sein kann, finanzielle Anreize für Gastarbeiter-Investitionen in Branchen und Regionen zu gewähren, die über keine Standortvorteile (nicht mehr oder noch nicht) in dem Heimatland bzw. über eine nur unzureichende Ausstattung mit industrieller Infrastruktur und Humankapital verfügen. Eine solche Politik wäre vermutlich auch von vorneherein weitgehend unwirksam, weil Rückwanderer ihre Investitionsentscheidung nicht nur an finanziellen Anreizen, sondern auch an den mittel- bis langfristigen Profiterwartungen orientieren werden. Umgekehrt ist natürlich auch eine noch so "richtig" konzipierte Reintegrationspolitik zur Erfolglosigkeit verurteilt, wenn durch eine fehlgeleitete allgemeine Wirtschaftspolitik ein genereller Investitionsattentismus hervorgerufen wird. Letzteres scheint in den vergangenen Jahren besonders in der Türkei einen dämpfenden Einfluß auf den Zufluß von Gastarbeiterkapital gehabt zu haben.

Aus diesen Überlegungen folgt, daß es zwischen der allgemeinen Wirtschaftspolitik und der Reintegrationspolitik eine Parallelität bei der Förderung solcher dynamischer Wirtschaftszweige geben muß, von deren Wachstum ein hohes Maß zusätzlicher Beschäftigung erwartet werden kann.

Im Bereich der verarbeitenden Industrie, dem bei dem gegebenen Entwicklungsstand der Entsendeländer eine entscheidende Rolle für die gesamtwirtschaftliche Wachstums- und Beschäftigungsentwicklung zukommt, werden dies vor allem die Branchen sein, die sich auch international als wettbewerbsfähig erweisen. Welche Branchen dies sein können, soll im folgenden für die Länder Griechenland, Portugal, Spanien und die Türkei kurz erörtert werden (Abschnitt 2 und 3). Danach werden einige Überlegungen zu den besonderen Problemen von Gastarbeiterinvestitionen angestellt, bevor einige Schlußfolgerungen für die Ausgestaltung einer Wirtschaftspolitik versucht werden, die die Repatriierung von Gastarbeiterkapital fördern könnte (Abschnitt 4).

2. Der Entwicklungsstand in den Entsendeländern

Die hier untersuchten Entsendeländer von Gastarbeitern weisen entwicklungsbedingt zahlreiche Ähnlichkeiten auf. In allen vier Ländern ist nach wie vor der Agrarsektor von großer Bedeutung, und zwar insbesondere, was die Beschäftigung anlangt (Tabelle 1). Im Industriebereich dominieren noch traditionelle Industriezweige aus den Bereichen Verbrauchsgüter sowie Grundstoff- und Produktionsgüter, die mit der Weiterverarbeitung von Rohstoffen befaßt sind. Typisch für den Entwicklungsstand ist dabei auch die ausgeprägte dualistische Unternehmensstruktur der vier Länder. Neben einer großen Zahl kleiner und kleinster Betriebe, in denen mit überkommenen Technologien und hoher Arbeitsintensität produziert wird, gibt es einige wenige recht große Betriebe, die unter Einsatz modernster Technologien den weit überwiegenden Teil der industriellen Wertschöpfung erstellen. In Griechenland sind 85 v.H. aller Betriebe, in Portugal 70 v.H. und in Spanien 80 v.H. Kleinbetriebe mit weniger als 5 Beschäftigen, während in der Türkei Betriebe mit weniger als 10 Beschäftigten 97 v.H. aller Betriebe ausmachen. Typisch ist auch, daß mit diesem sektoralen Dualismus ein regionaler Dualismus einhergeht, der in der Konzentration der modernen industriellen Aktivitäten, der verkehrsmäßigen Infrastruktur und Energieversorgung auf wenige Industriezentren seinen Ausdruck findet.

Tabelle 1: Ausgewählte Indikatoren zur Wirtschaftsstruktur Griechenlands, Portugals, Spaniens, der Türkei und der Europäischen Gemeinschaft 1978

	Einheit	Griechenland	Portugal	Spanien	Türkei	Europäische Gemeinschaft
Bevölkerung	1 000	9 360	9 820	37 109	43 144	259 683
Bruttoinlandsprodukt	Mill. $	31 400	18 300	141 200	48 700	1 952 600
Bruttoinlandsprodukt je Einwohner	$	3 355	1 864	3 805	1 129	7 519
Produktionsstruktur[1,2]						
Landwirtschaft	vH	16,8	12,8	9,4	27,1	4,3
Produzierendes Gewerbe	vH	31,4	45,3	37,9	27,6	44,3
Verarbeitende Industrie	vH	19,6	35,5	27,7	18,0	32,8
Dienstleistungen	vH	51,8	42,0	52,7	45,3	51,4
Beschäftigtenstruktur						
Landwirtschaft	vH	32,5[3]	32,5[2]	20,0	55,8	7,6[2]
Produzierendes Gewerbe	vH	30,0[3]	33,2[2]	36,7	13,6	39,7[2]
Verarbeitende Industrie	vH	.	24,0[2]	.	.	.
Dienstleistungen	vH	37,5[3]	34,3[2]	40,6	30,6	52,8[2]
Exporte (fob)	Mill. $	3 376	2 440	13 062	2 280	461 197
darunter in die EG[2]	vH	47,7	51,7	46,3	47,6	-
Importe (cif)	Mill. $	7 649	5 170	18 673	4 548	462 158
darunter aus der EG[2]	vH	42,5	43,5	34,2	40,7	-
Leistungsbilanzsaldo in vH des Bruttoinlandsprodukts	vH	-4,0	-2,1	1,1	-7,0	1,7
Anteil der Investitionen am Bruttoinlandsprodukt[2]	vH	23,0	20,4	21,5	22,0	20,2
Inflationsrate[4]	vH	12,5	22,5	19,7	49,5	8,1
Arbeitslosenrate	vH	.	7,0	7,5	10,1[2]	5,5

[1]Beiträge zum Bruttoinlandsprodukt. - [2]1977. - [3]Geschätzt. - [4]Verbraucherpreise 1977-1978.

Quelle: OECD, Paris: Main Economic Indicators, versch. Jgg.; National Accounts Statistics, versch. Jgg.; Labour Force Statistics, versch. Jgg.; OECD Economic Surveys: Turkey, April 1980. - IMF, International Financial Statistics, Washington, D.C., versch. Jgg. - Statistical Yearbook of Greece, Athen 1978. - Portugal Anuário Estatístico, Lissabon 1977. - Espana Anuario Estadistico, Madrid 1978. - Statistical Yearbook of Turkey, Ankara 1979. - Eurostat, Eurostatistiken, Brüssel, versch. Jgg..

Ähnlich wie viele andere weniger entwickelte Länder weisen die Entsendeländer (Tabelle 1) ein hohes Maß an Unterbeschäftigung und Inflation sowie eine defizitäre Leistungsbilanz auf (Ausnahmen: Spanien). Im Außenhandel ist ihnen eine starke Ausrichtung auf die Europäische Gemeinschaft gemeinsam. Im Durchschnitt gehen rund 50 v.H. der Exporte in die EG und gut 40 v.H. aller Importe stammen von dort. Für die EG ist umgekehrt der Außenhandel mit den Entsendeländern von untergeordneter Bedeutung; auf sie entfallen insgesamt weniger als 5 v.H. der EG-Ausfuhren und -Einfuhren.

Diesen Gemeinsamkeiten von Griechenland, Portugal, Spanien und der Türkei stehen erhebliche Unterschiede insbesondere in der Wirtschaftsstruktur gegenüber, die offensichtlich werden, wenn man einmal die Beiträge der Wirtschaftssektoren der Länder mit einer aus einer internationalen Querschnittsanalyse gewonnenen "Normalstruktur" vergleicht[1]. Die Tabellen 2 und 2a zeigen, daß die Industrialisierung in Griechenland und der Türkei hinter den bei ihrem jeweiligen Entwicklungsstand (gemessen am Pro-Kopf-Einkommen) sonst im Durchschnitt beobachteten Werten zurückgeblieben ist, während Spanien beim Produzierenden Gewerbe im Normalmuster und Portugal sogar deutlich darüber liegt. Die Wirtschaftsstrukturen von Griechenland und der Türkei reflektieren zum einen die hohe Bedeutung, die der Landwirtschaft in beiden Ländern unabhängig von den beträchtlichen Unterschieden im Pro-Kopf-Einkommen (Tabelle 1) noch immer zukommt, und sie reflektieren auch die über lange Zeit starke binnenwirtschaftliche Orientierung der Entwicklungsstrategie. Durch den Aufbau einer an der inländischen Nachfrage orientierten Verarbeitenden Industrie konnte zwar frühzeitig eine diversifizierte Industriestruktur erreicht werden, jedoch stieß das Wachstum dieser Industrie bald an die Grenzen, die durch die Enge der Binnenmärkte gesetzt wurden. Das besonders im Falle Griechenlands beschränkte inländische Nachfragepotential läßt wenig Spielraum für eine interne Arbeitsteilung und die Ausnutzung von Scale Economies, wofür auch die niedrige durchschnittliche Betriebsgröße ein Indiz ist.

---

1) Zur Berechungsmethode vgl. C. Krieger, Wirtschaftswachstum und Strukturwandel in den Beitrittsländern. Die Weltwirtschaft, Heft 1, Tübingen 1980, S. 142-159, hier S. 146 ff..

Tabelle 2: Beiträge der Wirtschaftssektoren zum Bruttoinlandsprodukt[1] in Griechenland, Portugal, Spanien und der Europäischen Gemeinschaft 1965, 1970 und 1975 (in v.H.)

Sektor		Griechenland		Portugal		Spanien		Europäische Gemeinschaft[2]	
		Tatsächl. Struktur	Normal-struktur[3]	Tatsächl. Struktur	Normal-struktur	Tatsächl. Struktur	Normal-struktur	Tatsächl. struktur	Normal-struktur
Landwirtschaft	1965	25	19	21	26	18	15	7	8
	1970	18	15	17	20	12	12	5	7
	1975	19	12	16	17	10	10	5	6
Produzierendes Gewerbe	1965	26	34	42	29	36	37	49	41
	1970	32	37	42	34	38	39	47	41
	1975	30	39	43	36	40	40	44	41
Verarbeitende Industrie	1965	16	24	34	21	27	27	37	29
	1970	19	27	33	24	26	29	35	29
	1975	20	29	34	26	28	30	33	28
Dienstleistungssektor	1965	49	47	37	45	46	48	44	51
	1970	50	47	41	47	50	48	48	52
	1975	51	48	42	47	50	49	51	53

[1] In jeweiligen Preisen. - [2] Neun Länder. - [3] Berechnet mit Hilfe von Regressionsfunktionen aus Querschnittsanalysen für die OECD-Länder.

Quelle: C. Krieger, Wirtschaftswachstum und Strukturwandel in den Beitrittsländern. Die Weltwirtschaft, Heft 1, Tübingen 1980, S. 142-159, hier S. 148.

Tabelle 2a: Tatsächliche und "normale" Struktur des Bruttoinlandsproduktes der Türkei 1963 und 1972

Wirtschaftssektor	Beiträge der Wirtschaftssektoren zum BIP in vH der Wertschöpfung[a]				Durchschnittliche jährliche Zunahme des BIP 1963/72 vH
	tatsächlich	normal[b]	tatsächlich	normal[b]	
	1963		1972		
Agrarwirtschaft	37,2	31,0	27,3	24,6	2,8
Bergbau	1,4	1,8	1,7	2,0	7,7
Verarbeitende Industrie	16,4	16,3	20,5	22,4	10,4
Bauwirtschaft	4,9	4,2	5,6	4,8	6,1
Energie	0,9	1,0	1,4	1,2	10,3
Transport- und Nachrichtenwesen	7,5	5,9	7,7	6,6	8,8
Handel	10,2	14,2	12,1	14,4	8,9
Banken und Versicherungen	2,2	1,9	2,8	2,6	9,1
Wohnungsvermietung	5,6	8,5	4,6	4,5	4,7
Staat	8,4	7,0	11,0	7,4	5,9
Dienstleistungen	5,3	8,2	5,3	9,5	6,4
Insgesamt	100	100	100	100	6,2

[a] Preisbasis US-$ 1965. - [b] Normalstruktur errechnet nach Daten aus einer Querschnittsanalyse für 62 Länder.

Quelle: L. Müller-Ohlsen, Möglichkeiten und Grenzen des Industriegüterexports der Türkei. Die Weltwirtschaft, Heft 1, Tübingen 1975, S. 114-138, hier S. 122.

Spanien hatte demgegenüber bereits 1959 auf eine vorsichtig nach außen orientierte Industrialisierungs- und Außenhandelsstrategie umgeschwenkt, in deren Folge nicht nur die Umstrukturierung vom Agrarsektor zum Industriesektor bei anhaltend hohen Wachstumsraten des realen Bruttosozialprodukts gelang, sondern sich die spanische Industrie auch erfolgreich in die internationale Arbeitsteilung einschalten konnte, wie die kräftige Erhöhung der Exportintensität (Anteil der im Ausland abgesetzten Produktion) der spanischen Verarbeitenden Industrie belegt[1].

Eine ähnliche Entwicklung hat Portugal durchlaufen, obwohl der portugiesische Binnenmarkt ebenso wie der griechische relativ klein ist und auch eine binnenmarktorientierte Industrialisierung betrieben wurde. Wenn das produzierende Gewerbe des Landes dennoch mit seinem Wertschöpfungsanteil deutlich oberhalb des durchschnittlichen Entwicklungsmusters liegt, sind ein wichtiger Grund die Wirtschaftsbeziehungen zwischen Portugal und seinen Kolonien, deren Handel untereinander teilweise liberalisiert war. Bis Anfang der siebziger Jahre gingen 20 v.H. aller Exporte in die Kolonien, während 15 v.H. aller Importe von dort stammten. Die Tatsache, daß die Exporte überwiegend (70 v.H.) aus Produkten der Verarbeitenden Industrie und die Importe ebenfalls zu rund 70 v.H. aus landwirtschaftlichen Produkten und Rohstoffen bestanden[2], zeigt, daß sich zwischen dem Mutterland und den Kolonien eine Arbeitsteilung herausgebildet hat, die die Industrialisierung in Portugal gefördert hat.

Die dargestellten Gemeinsamkeiten und Unterschiede bei den Entsendeländern werden auch in einer Analyse der internationalen Wettbewerbsfähigkeit der einzelnen Branchen der Verarbeitenden Industrie offenbar, die in den Tabellen 3 und 3a enthalten ist.

---

1) Vgl. J.B. Donges, Spain's Industrial Exports - An Analysis of Demand and Supply Factors. Weltwirtschaftliches Archiv, Bd. 108, Tübingen 1972, S. 191-232.

2) Vgl. OECD, Economic Surveys, Portugal, Paris, versch. Jgg..

Als Maß für die Wettbewerbsfähigkeit wird das "Revealed Comparative Advantage"-Konzept verwendet, das auf B. Balassa zurückgeht[1]. Dabei wird der Unterschied zwischen den Außenhandelsaktivitäten einer Branche und dem der Industrie insgesamt gemessen, wobei positive Werte auf Wettbewerbsvorteile und negative Werte auf Wettbewerbsnachteile hindeuten[2]. Die in den Tabellen ausgewiesenen Berechnungen weisen für alle Länder gemeinsam das für junge Industrienationen typische Muster der internationalen Wettbewerbsfähigkeit in der Verarbeitenden Industrie auf. Alle Länder besitzen Wettbewerbsvorteile im Handel mit der Welt vor allem in den Verbrauchsgüterindustrien (so gemeinsam bei Textilien, Bekleidung und Schuhen), während sie im Unterschied zu den alten Industrienationen der EG etwa bei wichtigen Grundstoff- und Produktionsgüterindustrien wie der Chemischen Industrie und bei den Investitionsgüterindustrien eher Wettbewerbsnachteile haben. Darüber hinaus zeigen die Einzelergebnisse jedoch bemerkenswerte Unterschiede, die den unterschiedlichen Entwicklungsstand der Entsendeländer sowie die Unterschiede in der Faktorausstattung und in dem eingeschlagenen wirtschaftspolitischen Kurs reflektieren:

- Die Türkei, das am wenigsten entwickelte der betrachteten Länder, weist über den gesamten Beobachtungszeitraum hinweg nur in wenigen Warengruppen positive RCA-Werte auf (Tabelle 3a). Neben den bereits genannten sind dies einige rohstoffintensive oder rohstoffnahe Bereiche, die zum Teil arbeitsintensiv sind (wie Leder und Lederwaren), teilweise aber auch zu den humankapitalintensiven Produkten zählen (wie die chemischen Produkte der SITC-Nummern 52 und 55 und verarbeitete Nahrungsmittel, die nicht in Tabelle 3a ausgewiesen sind[3].

---

[1] B. Balassa, Trade Liberalization among Industrial Countries: Objectives and Alternatives. New York 1967, S. 199 ff..

[2] Zur Berechnungsmethode und zu den folgenden Ausführungen vgl. U. Hiemenz und K.-W. Schatz, Trade in Place of Migration. Genf (ILO) 1979, und J.B. Donges und K.-W. Schatz, Muster der industriellen Arbeitsteilung im Rahmen einer erweiterten europäischen Gemeinschaft. Die Weltwirtschaft, Heft 1, Tübingen 1980, S. 160-186.

[3] Die Faktorintensitäten sind aus den Tabellen 4 und 4a abzulesen.

Tabelle 3: Kennziffern der komparativen Wettbewerbsfähigkeit Griechenlands, Portugals, Spaniens und der Europäischen Gemeinschaft mit der Welt, 1970, 1974 und 1977[1])

ISIC Nr.	Industriezweig	Griechenland			Portugal			Spanien			Europäische Gemeinschaft		
		1970	1974	1977	1970	1974	1977	1970	1974	1977	1970	1974	1977
	Verbrauchsgüterindustrien												
311/2	Nahrungsmittel	93,7	107,5	157,4	51,2	- 21,6	- 11,5	86,7	53,3	35,3	- 54,7	- 31,7	- 55,1
313	Getränke	305,0	159,6	184,6	362,8	259,2	331,5	234,0	235,3	127,5	29,7	32,7	36,9
314	Tabak	626,5	541,7	417,3	-174,7	-167,4	-166,5	-201,9	-189,8	-211,1	- 61,3	- 36,0	- 29,4
321	Textilien	83,5	105,6	138,5	67,4	83,6	86,5	9,7	43,7	48,2	5,4	- 2,4	- 14,7
322	Bekleidung	187,7	226,7	307,7	260,4	235,7	330,9	160,0	168,5	127,9	- 3,7	- 25,0	- 31,2
323	Leder und Lederwaren	140,6	114,6	132,5	- 23,4	19,8	- 6,5	118,2	143,3	114,2	- 4,9	- 15,3	- 23,3
324	Schuhherstellung	349,1	384,0	368,8	246,7	245,0	355,8	365,9	371,9	333,9	42,2	11,3	1,3
331	Holz- und Korkprodukte	72,1	95,7	103,8	40,7	30,7	110,3	146,2	155,7	147,9	21,0	15,3	7,2
332	Möbel	-170,4	-194,2	-147,7	- 75,3	- 71,6	- 22,6	52,4	58,7	45,7	30,5	30,0	24,4
341	Papier und -produkte	-107,6	-164,5	-148,5	142,8	158,5	155,8	-117,3	- 42,2	- 17,1	-104,2	- 86,4	- 81,2
342	Druckerei, Verlagswesen	- 25,3	-62,0	- 73,7	4,6	- 14,3	21,4	141,5	134,7	129,3	19,5	15,1	19,9
356	Kunststoffprodukte	- 39,1	- 17,6	- 9,5	- 44,7	- 62,4	- 31,6	58,2	54,9	88,1	33,2	33,3	23,1
361	Feinkeramik	- 84,2	21,7	26,9	95,4	77,7	135,7	97,4	87,0	61,9	30,9	30,0	29,6
362	Glas und -produkte	-172,1	-143,1	- 78,9	99,7	75,1	55,1	4,6	29,1	37,1	32,6	29,4	24,0
	Grundstoff- und Produktionsgüterindustrien												
351	Chemische Grundstoffe	37,7	- 70,0	- 29,3	- 66,2	- 53,2	-116,2	- 77,5	- 54,3	- 64,7	0,2	16,9	12,1
352	Andere chemische Erzeugnisse	- 42,9	- 39,0	- 44,5	7,5	11,2	- 34,9	- 56,3	- 27,1	- 31,5	36,2	36,3	35,9
353	Mineralölraffinerien	- 84,6	0,9	- 45,3	- 45,9	- 71,6	-128,1	- 18,4	- 57,7	-121,5	- 71,9	-90,4	- 77,7
354	Weiterverarbeitete Produkte aus Mineralöl und Kohle	-134,7	- 95,4	- 96,8	-112,1	-139,8	-201,5	-122,6	-168,6	-215,1	-126,3	-157,7	-141,0
355	Gummiverarbeitung	-168,3	30,5	- 31,8	106,2	112,8	144,8	107,7	116,9	109,6	12,2	7,0	3,8
369	Steine und Erden	128,5	207,1	228,4	100,7	57,0	50,5	23,3	72,9	136,0	- 1,4	10,0	15,1
371	Eisen und Stahl	6,1	25,2	78,2	- 28,7	- 55,1	- 59,9	- 6,9	12,2	20,5	37,9	47,9	38,6
372	NE-Metalle	172,6	111,1	145,5	-193,3	-201,9	-239,0	- 46,2	- 76,2	- 11,4	- 76,4	- 50,8	- 36,7
	Investitionsgüterindustrien												
381	Metallprodukte	- 58,9	- 31,0	26,2	- 27,4	- 40,9	- 22,4	4,0	23,0	48,1	18,8	27,6	38,0
382	Maschinen	-361,5	-255,5	-255,2	-152,3	-103,0	- 94,9	- 71,9	- 53,9	- 30,6	31,4	42,1	41,9
383	Elektrische Maschinen	-155,0	-141,2	- 73,6	- 29,5	13,7	32,1	- 38,2	- 26,5	- 36,7	23,9	22,1	25,4
384	Fahrzeuge	-342,8	-264,0	-251,0	-213,9	-151,4	-111,8	17,7	49,9	102,2	46,4	50,8	38,4
385	Feinmechanische und optische Erzeugnisse	-177,2	-190,2	-163,4	- 76,3	- 23,5	-38,6	-122,8	-100,9	-114,0	15,0	15,2	10,8
390	Andere Industrien	15,3	21,2	62,5	16,5	53,4	98,0	58,7	59,3	37,4	5,2	0,6	- 0,5

[1] Berechnungsmethode vgl. Text.

Quelle: J.B. Donges und K.-W. Schatz, Muster der industriellen Arbeitsteilung im Rahmen einer erweiterten europäischen Gemeinschaft. Die Weltwirtschaft, Heft 1, Tübingen 1980, S. 167.

Tabelle 3a: Die internationale Wettbewerbsfähigkeit der Türkei bei verarbeiteten Industriegütern nach 28 zweistelligen SITC-Positionen, 1963-1973

SITC-Nr.	Warengruppe	RCA-Werte[a,b] im Handel mit					
		OECD-Ländern			Bundesrepublik		
		1963	1970	1973	1963	1970	1973
51	Chemische Grundstoffe und Verbindungen	-27,7	3,5	-52,7	-	-66,6	-66,8
52	Mineralteere und rohe chemische Erzeugnisse aus Kohle, Erdöl und Erdgas	35,6	-	84,4	-	-	-
53	Farbstoffe, Gerbstoffe und Farben	-57,2	-74,5	-93,3	-73,8	-91,7	-98,8
54	Medizinische und pharmazeutische Erzeugnisse	-	-80,2	-85,8	-	-41,6	-79,8
55	Ätherische Öle und Riechstoffe usw.	23,1	53,4	35,6	0,03	-81,7	-97,9
56	Chemische Düngemittel	-	-	-	-	-	-
57	Sprengstoffe usw.	-	-77,8	-	-	-	-
58	Kunststoffe usw.	-	-99,3	-91,2	-	-	-
59	Chemische Stoffe und Erzeugnisse, a.n.g.	-	-	-97,4	-	-	-99,9
61	Leder, Lederwaren, a.n.g.	9,9	83,5	80,2	-	83,7	70,0
62	Kautschukwaren, a.n.g.	-	16,7	-90,8	-	-	-97,4
63	Holz- und Korkwaren (ausgen.Möbel)	11,9	4,9	-66,2	6,0	-	-37,2
64	Papier, Pappe und Waren daraus	-	-	-16,8	-	-	-
65	Garne, Gewebe, usw.	19,4	63,6	74,0	44,2	64,0	79,0
66	Waren aus mineralischen Stoffen, a.n.g.	1,3	4,0	18,5	-95,2	-88,8	25,0
67	Eisen und Stahl	-60,5	-46,9	-66,1	-	-	-77,8
68	NE-Metalle	49,0	14,4	2,9	24,6	23,1	-43,4
69	Metallwaren, a.n.g.	-90,8	-71,3	-34,2	-94,5	-12,6	-12,0
71	Maschinenbauerzeugnisse	-	-99,5	-95,1	-	-99,4	-94,7
72	Elektrotechnische Erzeugnisse	-	-92,8	-95,6	-	-90,1	-98,4
73	Fahrzeuge	-99,6	-95,1	-99,8	-	-98,0	-99,8
81	Sanitäre Anlagen, usw.	-	3,6	13,0	-	-	-59,3
82	Möbel	-	-89,7	-55,3	-	-	-
83	Reiseartikel und Täschnerwaren	-	-79,0	-69,1	-	0,8	-67,5
84	Bekleidung	49,6	99,5	99,9	85,2	98,0	99,9
85	Schuhwaren	92,1	55,1	73,1	+	+	+
86	Feinmechanische, optische und phototechnische Erzeugnisse; Uhren	-93,7	-86,0	-94,2	-	-90,4	-88,3
89	Sonstige bearbeitete Waren	2,0	-56,8	12,5	-9,0	15,5	8,3

[a] Zur Berechnungsmethode vgl. U. Hiemenz und K.-W. Schatz, Transfer of Employment, Opportunities as an Alternative to the International Migration of Workers: The Case of the Federal Republic of Germany(I). International Labour Office, WEP Working Paper, Geneva, August 1976 (WEP 2-26/WP.7), S. 76. - [b] Wenn in einzelnen Branchen keine Importe oder keine Exporte stattgefunden haben, ergibt sich rein rechnerisch ein RCA-Wert von + 100 oder - 100, der jedoch nichts über die potentielle Wettbewerbsposition des Landes aussagen muß. In derartigen Fällen erscheint ein + in der Tabelle, wenn nur exportiert wurde, und ein -, wenn lediglich Importe zu verzeichnen waren.

Quelle: OECD, Statistics of Foreign Trade, Serie C, Trade by Commodities, lfd. Jgg..

Die geringe internationale Wettbewerbsfähigkeit der Türkei bei Industriewaren bestätigt, daß bei der Industrialisierung der Ausschöpfung von Spezialisierungsvorteilen durch relativ niedrige Lohnkosten oder heimische Ressourcen nur geringe Bedeutung beigemessen wurde und der Aufbau einer diversifizierenden Industriestruktur Vorrang hatte. Dies wird auch bei der Exportentwicklung in den siebziger Jahren deutlich: Zwei Drittel der Gesamtexporte stammen aus dem Agrarbereich, während nur knapp ein Drittel Industriewarenexporte sind. Der Gesamtexport machte 1978 nur knapp 5 v.H. des Bruttosozialprodukts aus.

- Griechenland hat im Vergleich zur Türkei zwar ein wesentlich höheres Pro-Kopf-Einkommen, weist aber Wirtschaftsstrukturen auf, wie man sie eigentlich bei einem Land mit niedrigem Einkommensniveau erwarten würde. Diesem Eindruck entspricht auch der bisher erreichte Grad an internationaler Wettbewerbsfähigkeit griechischer Industriezweige. Wettbewerbsvorteile sind vor allem bei Fertigungen zu finden, die zu den Verbrauchsgüter- aber auch zu den Grundstoff- und Produktionsgüterindustrien rechnen. Bei den Verbrauchsgütern sind dies neben Textilien, Bekleidung und Schuhen noch Leder und Lederwaren, Holz- und Korkprodukte sowie Nahrungsmittel, Getränke und Tabak. In diesen Industriezweigen liegt die Humankapitalintensität erheblich unter dem Durchschnitt der griechischen Industrie (Tabelle 4; Ausnahme: Getränke). Die Branchen gehören zu denen, in denen sich weniger entwickelte Länder Wettbewerbsvorteile erhoffen können, weil sie aufgrund der Produktionsbedingungen nur geringe Ansprüche an die Qualifikation der Arbeitskräfte stellen; überdies spricht die Rohstoffintensität sehr oft für natürliche Standortvorteile in weniger entwickelten Ländern. In Griechenland tragen die genannten Bereiche fast 35 v.H. zu den Industrieexporten bei (1977). Wettbewerbsvorteile besitzt das Land im Grundstoff- und Produktionsgüterbereich bei den Produktgruppen Steine und Erden, Eisen und Stahl sowie bei NE-Metallen und im Investitionsgüterbereich lediglich bei Metallerzeugnissen. Auf diese Produkte - sie sind durchweg rohstoffintensiv - entfallen weitere 20 v.H. der Industriegüterexporte in die Welt.

- Scheint Griechenland das klargeschnittene Bild eines wenig entwickelten Landes zu bieten, dessen Wettbewerbsvorteile und Exportschwerpunkte in traditionellen arbeits- und rohstoffintensiven Branchen liegen, so ist dies in den beiden anderen Beitrittsländern weniger deutlich der Fall. Portugal hat zwar ähnlich wie Griechenland und die Türkei Wettbewerbsvorteile vor allem in den Verbrauchsgüterindustrien, jedoch teilweise nicht in den gleichen Branchen (statt Nahrungsmittel und Tabak: Papier und Papierprodukte, Glas und Glasprodukte), was überwiegend auf natürliche Standortvorteile zurückzuführen sein dürfte. Wichtig ist aber, daß im Verbrauchsgüterbereich die portugiesische bereits stärker als die griechische Industrie auf weiterverarbeitete Produkte spezialisiert ist. So sind etwa die Wettbewerbsvorteile bei Bekleidung beträchtlich größer als bei Textilien, und während bei Leder und Lederwaren sogar Wettbewerbsnachteile vorliegen, besitzt die Schuhherstellung eine sehr hohe Wettbewerbsfähigkeit. Überwiegend handelt es sich auch hier um relativ arbeitsintensive Branchen (Tabelle 4). Bemerkenswert ist ferner, daß auf die vier Produktgruppen - die sie herstellenden Branchen prägen die Frühphase der Industrialisierung - in Portugal nur 21 v.H. der Industrieexporte entfallen, in Griechenland aber 24 v.H. und in der Türkei 56 v.H., und daß ihr Anteil in Portugal in den siebziger Jahren kaum (Anteil 1970: 19 v.H.), in Griechenland und in der Türkei aber kräftig gestiegen ist (1970: 16 v.H. und 27 v.H.). Im Vergleich zu Griechenland scheint Portugal industriell weiter entwickelt, obschon das Einkommensniveau dieses Landes beträchtlich unter dem Griechenlands liegt. Dies ist eine Vermutung, die insbesondere auch dadurch gestützt wird, daß Portugal sich in dem wichtigen Investitionsgüterbereich elektrotechnische Maschinen Wettbewerbsvorteile verschafft hat und daß in den anderen Investitionsgüterbereichen (Ausnahme: Metallprodukte) Nachteile deutlich verringert werden konnten. Portugal bestreitet inzwischen bereits ein Viertel seiner Industriegüterexporte (Griechenland: ein Zehntel; Türkei: ein Zwanzigstel) mit Investitionsgütern, und dieser Anteil ist in den siebziger Jahren erheblich gestiegen (1970: 17 v.H.).

- Spanien ist industriell noch weiter forgeschritten als Portugal. In den Verbrauchsgüterindustrien weist dieses Land mit wenigen Ausnahmen Wettbewerbsvorteile im Handel mit der Welt auf. Aber auf diese Bereiche entfällt nur etwa ein Drittel der spanischen Exporte; Textilien, Bekleidung, Leder und Lederwaren sowie Schuhe bestreiten einen Exportanteil von 10 v.H., der wesentlich geringer als in Portugal, besonders aber als in Griechenland und der Türkei ist. Die Bedeutung dieser Branchen für den Export hat in Spanien in den siebziger Jahren in etwa stagniert (Anteil 1970: 9,3 v.H.). Man kann daraus schließen, daß Spanien komparative Vorteile, die die Verbrauchsgüterindustrien bieten, weitgehend auch wahrgenommen hat und daß diese Branchen inzwischen durch andere, nunmehr wachstumstragende Bereiche abgelöst worden sind. Derartige Bereiche sind bei Grundstoffen und Produktionsgütern zu finden, wo Wettbewerbsnachteile zwar zumeist noch überwiegen, aber doch deutlich verringert werden konnten (etwa chemische Produkte); bei den Branchen Gummiverarbeitung, Steine und Erden sowie Eisen und Stahl weist Spanien sogar Wettbewerbsvorteile auf. Erheblich verbessert hat sich die Position Spaniens auch im Handel mit Investitionsgütern; Metallprodukte sowie Fahrzeuge weisen positive RCA-Werte auf. Im Maschinenbau konnten bisherige Wettbewerbsnachteile deutlich verringert werden. Die Investitionsgüterexporte Spaniens haben auch sehr rasch expandiert; ihr Anteil betrug 1977 rund 40 v.H. an den gesamten Industriegüterausfuhren gegenüber 30 v.H. zu Beginn der siebziger Jahre.

Die vorangegangene Bestandsaufnahme der Spezialisierungsstruktur in den Entsendeländern gibt jedoch nur bedingt Aufschluß über zukünftige Wachstumsbereiche, die für die Allokation von Gastarbeiter-Investitionen geeignet sein können. Allen vier Ländern stehen nämlich einschneidende Änderungen der wirtschaftspolitischen Rahmenbedingungen bevor, die nachhaltige Einflüsse auf die Profitabilität und die Wachstumsaussichten einzelner Industriezweige nach sich ziehen können. Griechenland, Portugal und Spanien stehen an der Schwelle der Vollmitgliedschaft zur Europäischen Gemeinschaft und die Türkei, die längerfristig diese Mitgliedschaft ebenfalls anstrebt, schickt sich unter der Militärregierung an, die schwere Zahlungsbilanzkrise des Landes durch erhebliche Korrekturen der bisherigen Entwicklungsstrategien zu beheben. Deshalb muß hier die Frage nach künftigen Veränderungen in der Wettbewerbsfähigkeit einzelner Branchen gestellt werden.

3. Die Entwicklung der Branchenstruktur in den achtziger Jahren

Die Mitgliedschaft in der EG bedeutet für Griechenland, Portugal und Spanien nicht nur den Abbau noch bestehender Zollbarrieren gegenüber den Importen aus der alten EG. Die Beitrittsländer, die im Vergleich zur EG Hochschutzzoll-Länder sind, müssen auch ihr generelles Protektionsniveau auf den Gemeinsamen Außenzoll gegenüber Drittländern herabsenken, die vielfältigen mengenmäßigen Einfuhrbeschränkungen abbauen und darüber hinaus die von der EG den Entwicklungsländern gewährten Zollkonzessionen (GSP, Lomé) nachvollziehen sowie in das Freihandelsabkommen zwischen der EG und der (Rest-)EFTA eintreten. Dem steht auf der Exportseite, wenn man einmal von den verbesserten Absatzchancen in Drittländern absieht, nur eine Erleichterung des Marktzutritts für spanische Ausfuhren in die EG gegenüber, da die EG-Importe aus Griechenland und Portugal bereits voll liberalisiert sind. Selbst wenn diese Anpassungen nur schrittweise vollzogen werden, so bedeuten sie doch generell zweierlei für die Beitrittsländer: Zum einen werden arbeitsintensive Wirtschaftszweige durch das Exportangebot aus Schwellenländern (Israel, Jugoslawien, Brasilien und einige südostasiatische Länder) unter Anpassungsdruck geraten und zum anderen werden die bisher von hohen Protektionsmauern geschützten human- und sachkapitalintensiven Produktionen insbesondere des Investitionsgüterbereichs mit Importen aus der Alt-EG konkurrieren müssen.

In der Türkei scheint die Zahlungsbilanzkrise eine radikale Abkehr von der bisher verfolgten binnenmarktorientierten Entwicklungsstrategie zu erzwingen, die mit eine wichtige Ursache für die Krise ist[1]. Diese Politik begünstigte die Industrie gegenüber der Landwirtschaft und wurde innerhalb der Industrie so ausgerichtet, daß hinter hohen Zollbarrieren und mit dem direkten Einsatz von Öffentlichen Unternehmen ohne Rücksicht auf die türkische Faktorausstattung nacheinander die Importe leichter Konsumgüter, dauerhafter Konsumgüter und Produktionsstoffe, schließlich der Investitionsgüter substituiert wurden. Die so geschaffenen Industrien besaßen dann jedoch eine geringe Wettbewerbsfähigkeit auf den Exportmärkten. Gleichzeitig konnten aufgrund der relativen Benachteiligung der Landwirtschaft die Agrarexporte nicht so rasch ausgedehnt werden, wie dies angesichts des Bedarfs der neuen Industrien an importierten Vorleistungen und Investitionsgütern notwendig war.

Das Land verließ sich auf private und öffentliche Kapitaleinfuhr. Die Importsubstitutionspolitik hat somit der Türkei ökonomische Unabhängigkeit im Sinne des Aufbaus eines tief gegliederten industriellen Produktionsapparates verschafft, sie hat jedoch zu einer empfindlichen Abhängigkeit von ausländischen Kapitalgebern geführt. Tilgungsverpflichtungen und Zinszahlungen wachsen in Phasen raschen Wachstums gegenüber dem Exporterlös in solchem Maße, daß es immer erneut zu Vertrauensverlusten kommt, die über Zahlungsbilanzkrisen das Wachstum beenden.

Die Türkei kann offenbar den Zyklus von Wachstum und Zahlungsbilanzkrisen nur durch einen Abbau der Diskriminierung von gegenwärtig oder potentiell international wettbewerbsfähigen Wirtschaftssektoren (Landwirtschaft, leichte Konsumgüterindustrie) überwinden. Entsprechende Maßnahmen waren bereits im Stabilisierungsprogramm der Regierung Demirel vom Januar 1980 enthalten: eine Abwertung um 49 %, Exportförderung durch bevorzugte Verteilung von Importlizenzen an Exportproduzenten, Liberalisierung ausländischer privater Direktinvestitionen, Liberalisierung der Produktpreise der Öffentlichen Unternehmen

---

1) Zu einer kurzgefaßten Analyse der türkischen Zahlungsbilanzkrise vgl. E. Gerken, Stabilisierung der türkischen Wirtschaft und internationale Hilfe, Europa-Archiv (Veröffentlichung in Vorbereitung).

bei Einstellung der Staatszuschüsse (mit Ausnahmen). Wenn die Militärregierung dieses Programm übernimmt, wofür es Anzeichen gibt, wird sich ähnlich wie bei den EG-Beitrittsländern durch Importkonkurrenz und ausländische Direktinvestitionen ein Anpassungsdruck insbesondere für die Unternehmen im Bereich der Investitionsgüterindustrie, aber auch bei einigen Grundstoff- und Produktionsgüterindustrien (Chemie) ergeben. Demgegenüber stünden allerdings wesentlich verbesserte Exportchancen für die Landwirtschaft, arbeits- und rohstoffintensive Verbrauchsgüterindustrien sowie - nach einiger Anlaufzeit - auch für Projekte aus der Montageindustrie.

Die künftigen Spezialisierungsstrukturen, die sich in den Beitrittsländern und in der Türkei ergeben können, sind von J.B. Donges und K.-W. Schatz sowie von L. Müller-Ohlsen und E. Gerken untersucht worden [1]. Die Ergebnisse dieser Arbeiten lassen sich wie folgt zusammenfassen:

- Spanien wird als industriell am weitesten entwickeltes Land Vorteile aus der handelsschaffenden Wirkung des Beitritts vor allem im Investitionsgüterbereich ziehen können, während die Verbrauchsgüterindustrien ihre Standortvorteile verlieren werden. Im industriellen Exportsortiment werden an Gewicht gewinnen Transportausrüstungen und Zubehörteile für die Kraftfahrzeugindustrie, elektrotechnische Erzeugnisse und chemische Produkte.

- Portugal nimmt eine Mittelstellung zwischen Spanien und den beiden übrigen Ländern ein. Einerseits ist zu vermuten, daß Portugal von intraindustrieller Arbeitsteilung bei landwirtschaftlichen Maschinen, Textil- und Werkzeugmaschinen und bei Montageindustrien profitieren kann. Andererseits kann der Beitritt auch auf eine Reihe von

---

[1] J.B. Donges und K.-W. Schatz, a.a.O.; L. Müller-Ohlsen, Möglichkeiten und Grenzen der Industriegüterexporte der Türkei. Die Weltwirtschaft, Heft 1, Tübingen 1975, S. 114-138; E. Gerken, a.a.O..

Verbrauchsgüterindustrien wie die Produktion von hochwertigen Textil- und Bekleidungsprodukten sowie Schuhen stimulierend wirken, bei denen bereits internationale Wettbewerbsvorteile vorhanden sind.

- Die Expansionschancen Griechenlands und der Türkei werden noch eine geraume Zeit vor allem bei traditionellen Produkten liegen. Dies sind Produkte der Nahrungsmittelindustrie, Baumwoll- und Wolltextilien, Bekleidung, Lederwaren, Holzerzeugnisse sowie bearbeitete NE-Metalle. Für beide Länder bietet die erweiterte EG aufnahmefähige Märkte und für die Türkei zusätzlich die Länder des Nahen und Mittleren Ostens. Der Einwand, gerade die exportfähigen türkischen Produkte träfen auf Einfuhrbeschränkungen der EG, zieht nicht, denn die relevanten Beschränkungen betreffen unverarbeitete Agrarprodukte, Baumwollgarne, Gewebe aus Baumwolle und maschinengefertigte Teppiche. Die türkischen Produzenten können durch Weiterverarbeitung und Ausweichen auf verwandte Produkte die Beschränkungen umgehen und haben dies in der Vergangenheit auch erfolgreich getan, wie die Exportexpansion bei leichten Konsumgütern zwischen 1970 und 1974 um jahresdurchschnittlich 48 v.H. zeigt. Außerdem sind solche bestehenden Beschränkungen auch verhandlungsfähig. Neben den traditionellen Produkten und einigen Grundstoff- und Produktionsgütern, bei denen bereits Wettbewerbsvorteile bestehen, können sich Griechenland und der Türkei aber auch im Bereich höherwertiger Industriegüter Möglichkeiten eröffnen, wie bei der Herstellung von Ersatzteilen für Investitionsgüter, beim Bau von Haushalts- und Büromaschinen sowie Hebefahrzeugen, Traktoren, Landmaschinen u.a., und für Griechenland auch beim Bau oder der Instandhaltung von Schiffen.

Zum Abschluß dieser Überlegungen zu potentiellen Wachstumsbranchen in einigen Entsendeländern von Gastarbeitern muß darauf hingewiesen werden, daß neben den Wirtschaftszweigen, für die sich Expansionsmöglichkeiten im Rahmen der internationalen Arbeitsteilung bieten, auch andere Sektoren von einer beschleunigten Wirtschaftsentwicklung profitieren können, wie sie im Zuge des EG-Beitritts oder einer Änderung der Wachstumsstrategie (Türkei) möglich erscheint. Es handelt sich um Aktivitäten, die entweder über Vorleistungsverflechtungen mit den dynamischen Branchen verbunden sind, oder solche, deren Absatzchancen sich durch den Zuwachs der heimischen Endnachfrage in der Folge steigender Einkommen verbessern. Zu diesen Sektoren zählen mit Sicherheit Teile der Landwirtschaft, auch die Bauindustrie und der Handel. Zumindest für Länder wie Griechenland und die Türkei, die noch einer Phase erheblichen außenhandelsbedingten Strukturwandels entgegensehen, dürften aber Gastarbeiter-Investitionen in (potentielle) international wettbewerbsfähige Branchen der Verarbeitenden Industrie größeren volkswirtschaftlichen Nutzen einbringen. Die Frage ist nur, in welchem Sinne sich solche Branchen für Gastarbeiter-Investitionen eignen.

4. Die Problematik von Gastarbeiter-Investitionen und einige wirtschaftspolitische Schlußfolgerungen

In diesem Beitrag dient die gegenwärtige oder potentielle internationale Wettbewerbsfähigkeit als Kriterium der Eignung von Branchen für Gastarbeiter-Investitionen. Dieses Kriterium ist gewählt worden, weil alle hier betrachteten Länder vor einschneidenden wirtschaftspolitischen Änderungen stehen, die auf eine stärkere Außenorientierung der Wirtschaft hinauslaufen. Dies bedeutet vor allem für die industriell relativ weniger entwickelten Länder Griechenland und die Türkei, daß hochprotektionierte Importsubstitutionsbereiche, die in der Vergangenheit erheblich zum gesamtwirtschaftlichen Wachstum beigetragen haben, in Zukunft unter Anpassungsdruck geraten werden und Wachstumsspielräume sich dort auftun, wo durch eine intensive Nutzung der heimischen Faktorausstattung und inländischer Rohstoffe Spezialisierungsvorteile erschlossen werden können. Ein Vergleich der RCA-Werte (Tabellen 3 und 3a) und der Faktorintensitäten der einzelnen Branchen

Tabelle 4: Faktorintensität in der Industrie Griechenlands, Portugals und Spaniens 1976[1])

ISIC Nr.	Industriezweig	Griechenland[2]			Portugal			Spanien		
		Gesamt-	Human-[4]	Sach-[5]	Gesamt-	Human-[4]	Sach-[5]	Gesamt-	Human-[4]	Sach-[5]
		Kapitalintensität								
Verbrauchsgüterindustrien										
311/2	Nahrungsmittel ...	86,6	88,7	84,6	91,2	89,6	96,5	86,0	50,3	154,2
313	Getränke	131,9	113,8	148,8	203,2	114,9	500,7	121,5	116,1	131,8
314	Tabak	119,0	91,0	145,0	681,2	139,5	2 506,3	254,8	110,6	529,8
321	Textilien	118,8	93,5	142,3	75,9	80,9	59,2	77,6	76,3	80,1
322	Bekleidung	55,8	67,8	44,6	65,1	70,8	45,8	82,2	72,5	100,6
323	Leder und Lederwaren	61,0	78,2	45,0	101,9	93,7	129,7	121,8	100,2	135,0
324	Schuhherstellung ..	60,5	82,2	40,3	67,1	68,4	62,6	85,5	107,5	43,7
331	Holz- und Korkprodukte ...	54,8	76,7	34,4	68,6	74,2	49,6	69,7	64,1	80,4
332	Möbel	49,9	65,8	35,1	70,0	72,8	60,7	51,1	66,9	21,0
341	Papier und -produkte	114,0	110,9	116,9	161,9	125,4	284,7	145,4	107,2	218,2
342	Druckerei, Verlagswesen	96,5	128,0	67,3	94,8	105,7	58,0	90,7	96,2	80,2
356	Kunststoffprodukte	128,1	100,9	153,5	117,8	102,6	169,0	115,7	96,1	153,2
361	Feinkeramik	109,1	101,8	115,8	82,5	93,3	46,2	68,0	79,0	46,9
362	Glas- und -produkte	147,2	125,1	167,8	90,6	115,6	6,4	103,9	110,5	91,3
Grundstoff- und Produktionsgüterindustrien										
351	Chemische Grundstoffe	338,4	183,2	482,8	141,7	139,5	148,8	251,6	143,9	457,0
352	Andere chemische Erzeugnisse	168,7	119,9	214,2	162,7	130,2	272,5	138,5	121,8	170,2
353	Mineralölraffinerien	484,8	167,6	779,9	41,1[6]	178,4[6]	552,5[6]	502,1	197,0	1 084,1
354	Weiterverarbeitete Produkte aus Mineralöl und Kohle	156,5	156,0	157,0	-	-	-	309,5	156,0	602,0
355	Gummiverarbeitung	128,9	117,0	140,0	109,5	114,7	92,1	102,7	105,7	96,8
369	Steine und Erden	111,0	108,7	113,2	113,6	98,0	165,9	109,6	93,6	140,1
371	Eisen und Stahl ..	191,6	154,1	226,4	102,7[6]	93,4[6]	134,0[6]	128,0	173,4	41,5
372	NE-Metalle	439,7	208,1	655,3	93,5	105,8	51,9	165,7	143,5	208,0
Investitionsgüterindustrien										
381	Metallprodukte ...	74,6	89,5	60,7	113,3	106,7	135,7	81,3	102,0	41,8
382	Maschinen	84,0	92,4	76,2	112,4	118,6	91,3	78,4	101,5	34,3
383	Elektrische Maschinen	111,3	105,2	116,9	122,5	126,2	110,3	97,3	125,5	43,5
384	Fahrzeuge	128,1	105,9	148,8	122,6	147,3	39,4	106,4	134,9	52,2
385	Feinmechanische und optische Erzeugnisse	104,3	102,0	106,3	93,3	105,7	51,8	84,5	111,2	33,6
390	Andere Industrien	59,0	66,7	51,8	83,9	84,3	82,5	117,8	112,4	128,2

[1] Industriedurchschnitt = 100. - [2] 1975. - [3] Wertschöpfung je Beschäftigten. - [4] Lohn- und Gehaltssumme je Beschäftigten. - [5] Wertschöpfung abzüglich Lohn- und Gehaltssumme je Beschäftigten. - [6] 1974.

Quelle: J.B. Donges und K.-W. Schatz, Muster der industriellen Arbeitsteilung ..., a.a.O., S. 170.

Tabelle 4a: Faktorintensität in der Verarbeitenden Industrie der Türkei, 1972

Industriezweig	Gesamt-a	Human-a
	Kapitalintensität in v.H. des Industriedurchschnitts	
Relativ arbeitsintensiv produzierende Industrien		
Leder und Lederwaren	16	72
Holzprodukte	19	64
Metallwaren	31	95
Druckerei- und Verlagserzeugnisse	61	107
Textilwaren	75[b]	86
Kraftfahrzeuge	80	138
Relativ kapitalintensiv produzierende Industrien		
Steine und Erden	117	87
Nahrungsmittel	125	79
Getränke	134	100
Papier und Papierwaren	134	113
Tabakwaren	191	76
Maschinen	194[c]	104
Gummiwaren	262	103
Basismetalle	367	144
Chemische Erzeugnisse	481[d]	126

a) Wertschöpfung je Beschäftigten bzw. durchschnittliche Tagesverdienste je Beschäftigten.
b) Einschließlich Schuhe und Bekleidung.
c) Einschließlich Elektromaschinen.
d) Einschließlich Erdöl- und Kohleprodukte.

Quelle: L. Müller-Ohlsen, Möglichkeiten und Grenzen des Industriegüterexports der Türkei, a.a.O., S. 135.

(Tabellen 4 und 4a) zeigt, daß in Griechenland und der Türkei Spezialisierungsvorteile entweder bei Produkten bestehen, die direkt oder indirekt mit einem relativ zum Industriedurchschnitt hohen Einsatz von wenig qualifizierten Arbeitskräften erzeugt werden, oder bei einigen sogenannten Produkt-Zyklus-Gütern, deren Produktion zwar relativ sachkapital- nicht aber humankapitalintensiv ist und außerdem in hohem Maße weniger qualifizierte Arbeitskräfte erfordert (z.B. Metallwaren, einige Sparten des Maschinenbaus, Montageindustrien). Investitionen in diesen Industriebereichen verbinden eine privatwirtschaftliche Rentabilität mit dem volkswirtschaftlichen Nutzen hoher Beschäftigungseffekte für den reichlichen Faktor Arbeit mit niedrigem Qualifikationsniveau. Die neu geschaffenen Arbeitsplätze können auch in besonderem Maße Rückwanderer attrahieren, die gegenüber inländischen Mitbewerbern zumindest den Vorteil haben, durch ihre Auslandstätigkeit mit dem arbeitsteiligen Produktionsprozeß vertraut zu sein.

Die vorangegangenen Aussagen bedürfen jedoch noch mehrerer Erläuterungen, bevor sie in eine Reintegrationspolitik umzusetzen sind. Das hier angelegte Eignungskriterium bedeutet nicht, daß Gastarbeiter nur in Exportproduktionen investieren sollen; es ist auch nicht zwingend, daß Gastarbeiter - einzeln oder in Gruppen - überhaupt direkt investieren müssen, und soweit sie es tun, ergibt sich die Frage nach Betriebstyp und Standortwahl. Das Kriterium der internationalen Wettbewerbsfähigkeit besagt lediglich, daß Betriebe der entsprechenden Branchen bei der gegebenen Faktorausstattung der Länder im Prinzip in der Lage sind, ohne staatliche Hilfe (Protektion) auf inländischen und auf ausländischen Märkten erfolgreich gegen Konkurrenten aus anderen Ländern zu konkurrieren. Insbesondere bei großen Ländern wie der Türkei wird ein deutliches Schwergewicht der Produktion bei der Versorgung der heimischen Märkte liegen, auf denen dann effiziente inländische Anbieter auch bei Importliberalisierung Marktanteile gewinnen können. Erst nach einer längeren Erfahrung mit der Belieferung von Inlandsmärkten und einem damit einhergehenden Ausbau der Management- und Marketing-Kapazitäten werden einzelne Betriebe in der Lage sein, Teile der Produktion im Ausland abzusetzen.

Nun ist aber nicht jeder Betrieb im Inland oder im Ausland konkurrenzfähig, selbst wenn er einer im allgemeinen international wettbewerbsfähigen Branche angehört. Es stellt sich hier die Frage, ob das Konzept, Gastarbeiter zu Direktinvestitionen in Klein- und Mittelbetrieben in entlegenen Regionen ihrer Heimatländer zu bewegen, ökonomisch tragfähig ist. Prof. Körner[1] hat in seinen Industriestudien eindrucksvoll aufgezeigt, daß erste Versuche in dieser Richtung in Jugoslawien und der Türkei bisher offenbar wenig zugkräftig für potentielle Investoren waren und wenig ermutigende Ergebnisse bei der Durchführung von Investitionen erbracht haben. Die Studien analysieren auch die Gründe für die beobachteten Schwierigkeiten der Rückwanderer-Betriebe, die sich als Mängel im Management, im Marketing und bei der Kreditverfügbarkeit zusammenfassen lassen. Dieses Ergebnis ist absolut nicht überraschend, denn es beschreibt die Probleme, die sich Kleinbetrieben und/ oder Betrieben in unterentwickelten Regionen ganz generell stellen. Leider gibt es bisher zu wenige empirisch fundierte Untersuchungen über Kleinbetriebe, um präzise Antworten zu ermöglichen. Einige Studien für eine Reihe von Entwicklungsländern, die im Institut für Weltwirtschaft erstellt wurden[2], deuten jedoch darauf hin, daß der weit überwiegende

---

1) Vgl. H. Körner, Schlußbericht zum Forschungsprojekt "Industrialisierung als Mittel der Reintegration von rückwandernden Gastarbeitern", März 1980, S. 10 ff..

2) R. Banerji, "Growth Patterns of Small-Scale Plants in Manufacturing Industries: A Cross-Country Analysis". Kieler Arbeitspapiere Nr. 61, Oktober 1977. Ders., "Employment and Growth Potentials of Rural Industries, Small-Scale Industries and Medium and Large-Scale Industries in India: A Comparative Analysis". Kieler Arbeitspapiere Nr. 64, November 1977. Ders., "Average Size of Plants in Manufacturing and Capital Intensity: A Cross-Country Analysis by Industry". Journal of Development Economics, Bd. 5 (1978), S. 155-166. Ders., "Small-Scale Production Units in Manufacturing: An International Cross-Section Overview". Weltwirtschaftliches Archiv, Bd. 114 (1978), S. 62-82. M. Bruch, "Die regionale Struktur der Verarbeitenden Industrie in Brasilien und Mexiko", Kieler Arbeitspapiere Nr. 58, Juli 1977. Ders., "Ländliche Industrialisierung, regionaler technologischer Dualismus und X-Faktoren: Eine Untersuchung am Beispiel der Verarbeitenden Industrie Mexikos". In: Zeitschrift für Wirtschafts- und Sozialwissenschaften, Januar 1979. Ders., "Efficiency and Choice of Techniques in the Mexican Manufacturing Industry: Small Plants versus Large Plants". In: H. Giersch (Hrsg.), International Economic Development and Resource Transfer, Workshop 1978 (Tübingen: J.C.B. Mohr, 1979), S. 63-95. Ders., "Small Establishments as Exporters of Manufactures: Tentative Evidence from Malaysia". Weltwirtschaftliches Archiv, Juli 1979. D. Spinanger, "Regional Industrialization Policies in a Small Open Economy - A Case Study of Malaysia". Kiel 1980.

Teil der Kleinbetriebe ineffizienter produziert als größere Betriebe der gleichen Branche. Dies scheint besonders für Kleinstbetriebe mit unter 10 Beschäftigten zu gelten. Die Gründe für diese Ineffizienz sind nicht unbedingt betriebsgrößenimmanent, sondern liegen bei einer Benachteiligung auf den Faktormärkten - insbesondere bei der Verfügbarkeit von Krediten für das Umlaufvermögen -, bei einer Unterausstattung mit Humankpaital und technologischem Wissen sowie bei unzureichender Marktübersicht und Benachteiligungen durch ein unzureichendes Infrastruktur-Angebot. Solche Probleme werden akzentuiert, wenn sich Kleinbetriebe zudem noch in zurückgebliebenen Regionen befinden, in denen die Industrieansiedlung generelle Standortnachteile hat.

Ob dieser bereits eingangs erwähnte, tiefgreifende Dualismus durch eine Reintegrationspolitik allein überwunden werden kann, erscheint höchst zweifelhaft und auch vom volkswirtschaftlichen Standpunkt aus nicht unbedingt wünschenswert. Die Investitionschancen für Rückwanderer sollten sich vielmehr aus einem generellen wirtschaftspolitischen Anreizsystem ergeben, das Benachteiligungen für Kleinbetriebe und zurückgebliebene Regionen Schritt für Schritt abbaut und damit diese Bereiche für alle Investoren attraktiver gestaltet werden. Bei der gegebenen finanziellen und administrativen Kapazität der Entsendeländer kann dies jedoch nur in einem längerfristigen Prozeß selektiv geschehen. Wenn man sich die Regionalprobleme der EG vergegenwärtigt, wird deutlich, welche enormen Schwierigkeiten dabei zu bewältigen sind. Zu einer Umstrukturierung der Wirtschaftspolitik, die administrativ machbar ist und die Investitionschancen für Rückwanderer erhöht, sollen hier drei Vorschläge gemacht werden.

Ein Ziel bei der Repatriierung von Gastarbeiter-Kapital sollte sein, dieses Kapital so weit wie möglich in produktive Verwendungen zu lenken. Aufgrund von Informations- und Organisationsproblemen wird es nicht immer durchführbar sein, die geringen individuellen Ersparnisse nach dem Muster der türkischen Arbeitnehmer-Kapitalgesellschaften zu rentablen Investitionsgrößen zusammenzufassen. Hier bieten sich zwei Wege an, die den Vorteil haben, zugleich auch einen Mobilisierungseffekt für die inländische Ersparnis zu haben. Der erste besteht im Ausnutzen des bestehenden Bankensystems für die Sammlung und Verteilung individueller Ersparnisse. Dies setzt freilich eine Revision der Geldpolitik voraus, die bisher auf Kapitaleinlagen kaum eine angemessene Realverzinsung gewährt. Jüngste Untersuchungen der McKinnon-Hypothese[1] haben gezeigt, daß in Entwicklungsländern (einschließlich der hier betrachteten Entsendeländer) eine Anhebung des Realzinsniveaus in der Lage wäre, die inländische Ersparnis und die inländische Investitionsquote zu erhöhen. Zudem verstärkt eine solche Politik den Anreiz für Investitionen in arbeitsintensiven Produktionszweigen. Ein zweiter Weg könnte in einer Politik zur breiteren Streuung des Aktienbesitzes durch Ausgabe und Propagierung von "Volksaktien" bestehen. Kapitalerhöhungen von bereits bestehenden Privatbetrieben oder die Reprivatisierung von Staatsbetrieben nach dem Muster der Bundesrepublik können der Anlaß für die Ausgabe solcher Aktien sein, was natürlich voraussetzt, daß es sich um solche Betriebe handelt, die durch ihre vorweisbaren wirtschaftlichen Erfolge Anreize für den Erwerb von Aktien bieten. Ihr Verkauf brauchte auch nicht auf das jeweilige Entsendeland beschränkt zu bleiben. Die Gastländer könnten im Rahmen ihrer Reintegrationspolitik vielmehr durch Aufklärung werben und den Erwerb organisatorisch unterstützen. Es wäre auch zu überlegen, ob solche Aktien für eine beschränkte Anzahl von Jahren mit einer Dividendengarantie ausgestattet werden können.

Ein wirtschaftliches Instrument, das zur Erschließung weniger entwickelter Regionen und zur Lenkung von direkten Rückwanderer-Investitionen gleichermaßen genutzt werden kann, besteht in der Gründung von Industrieparks und Freihandelszonen. Dieses Instrument, das in einer Reihe von Ländern bereits erfolgreich eingesetzt wird, hat eine Reihe von Vorteilen: Bei den Erschließungskosten können Skalenerträge entstehen; die Unternehmen erhalten eine ausgewogenere Infrastrukturausstattung und können in gewissem Umfang Fühlungsvorteile realisieren; und schließlich

---

1) Vgl. B. Fischer, Höchstzinspolitik, Inflation und wirtschaftliches Wachstum. Weltwirtschaftliches Archiv, Bd. 116, Heft 3, Tübingen 1980, S. 514-532.

wird die Beratung und Betreuung der Unternehmen administrativ vereinfacht. Die Industrieparks können Brückenköpfe sein, die auch Kleinunternehmen die angemessene Umwelt bieten und einen Beginn der industriellen Erschließung des Hinterlandes markieren. Natürlich ist dieses Instrument nur selektiv in Abhängigkeit von der bereits bestehenden großräumigen infrastrukturellen Erschließung[1] einsetzbar, aber es ist sicher auch eine illusionäre Vorstellung, daß jeder Rückwanderer in seinem Heimatdorf ein Unternehmen gründen könnte.

Ein besonderer Engpaß bei der Gründung von Rückwanderer-Betrieben wie bei der von Unternehmen in den Entsendeländern schlechthin scheint die unzureichende Verfügbarkeit von technischem Know-how zu sein. Dabei geht es nicht in erster Linie um die Entwicklung von neuen Technologien, sondern vielmehr um die Ausbeutung des international vorhandenen technischen Wissens und um den Einsatz von Techniken unter den Bedingungen des jeweiligen Landes. Dies erfordert den Aufbau eines Netzes von industriellen Beratungsstellen, die in gewissem Umfang auch Forschungsaufgaben übernehmen müßten, nach dem Muster der landwirtschaftlichen Beratungsstellen für Agrartechnologie. Solche Beratungsstellen sollten nicht nur allgemeine Informationen verbreiten und Seminare durchführen, sondern auch konkrete Problemlösungsvorschläge für einzelne Betriebe erarbeiten. Es liegt auf der Hand, daß die Effizienz dieser Institutionen durch die Anlage von Industrieparks erhöht werden kann.

Durch diese sehr allgemeinen wirtschaftspolitischen Vorschläge soll natürlich nicht in Frage gestellt werden, daß die Gastländer wie die Entsendeländer spezifische Anstrengungen unternehmen müssen, wenn die Rückwanderung sich in sozial erträglichen und wirtschaftlich nützlichen Bahnen vollziehen soll. Schwerpunkte dieser spezifischen Reintegrationspolitik sollten jedoch mehr die Verbesserung des Informationsflusses und die soziale Reintegration sein. Die Schaffung von neuen Arbeitsplätzen und das Attrahieren von Gastarbeiter-Kapital ist eher die Aufgabe einer auf Einkommens- und Beschäftigungswachstum ausgerichteten allgemeinen Wirtschaftspolitik.

---

1) Vgl. dazu D. Spinanger, a.a.O., S. 81 ff..

Heiko Körner

ZUSAMMENFASSENDER BERICHT
ÜBER DIE ABSCHLUSSDISKUSSION ZUM THEMA "PROBLEME DER RÜCKWANDERUNGS- UND REINTEGRATIONSPOLITIK

Der Abschlußdiskussion des Symposions lag der folgende Problemkatalog zugrunde:

A. *Motive der Rückwanderung:*

1. Wird die Rückwanderung überwiegend durch soziale oder überwiegend durch ökonomische Motive geprägt?
2. Ist die Motivationsstruktur im Zeitablauf stabil?

B. *Wirkung der Rückwanderung auf die Entsendeländer:*

Verstärkt die Rückwanderung die schon vorhandenen regionalen / sektoralen Disparitäten in den Entsendeländern und zwischen den Entsendeländern und Gastländern?

C. *Beziehungen zwischen individueller Reintegration und genereller Entwicklung der Entsendeländer:*

1. Ist die Förderung der individuellen Reintegration der Rückwanderer für sich genommen hinreichend für die erfolgreiche Wiedereingliederung im Entsendeland, oder ist hierzu die Förderung der wirtschaftlichen Leistungsfähigkeit der Entsendeländer und Emigrationsregionen erforderlich?

2. Ist die direkte Schaffung von Arbeitsplätzen für Rückwanderer eine unbedingte Voraussetzung für eine erfolgreiche Reintegration, oder kommen auch andere Methoden einer indirekten Förderung in Frage?

3. Ist neben der Verbesserung der wirtschaftlichen Lebenschancen der Rückwanderer auch die Modernisierung der gesellschaftlichen Rahmenbedingungen im Entsendeland erforderlich?

D. *Beziehungen zwischen verschiedenen Ansätzen der Reintegrationspolitik:*

Wie sind individuelle Rückwanderungshilfen zu konzipieren und mit gesamtwirtschaftlichen/regionalen Entwicklungsprogrammen in den Entsendeländern zu verbinden, damit einerseits den einzelnen Rückwanderern optimale Reintegrationschancen eröffnet werden, und andererseits zwischen Entsendeländern und Gastländern ein bestmöglicher Interessenausgleich zustande kommt?

E. *Schwerpunkte künftiger Forschungsaktivitäten*

*

(1) Die Debatte ging von der Feststellung mehrerer Diskussionsteilnehmer aus, *daß die Rückwanderung in den Entsendeländern bisher kaum Modernisierungseffekte bewirkt hat:*

- Die erhofften Ausbildungswirkungen sind ausgeblieben, weil den meisten Arbeitsmigranten im "Gastland" eine Fachausbildung nur unzureichend vermittelt wurde, weil das allgemeine Kulturwissen, das viele Arbeitsmigranten erworben haben, nach der Rückkehr kaum nützlich angewendet wird, und weil schließlich überwiegend jene Person sich zur Rückwanderung entschließen, deren Ausbildungsniveau - gemessen am Durchschnitt der Arbeitsmigranten - verhältnismäßig gering ist.

- Die erhoffte Modernisierung der Industriestruktur ist nicht zustande gekommen, weil die meisten Arbeitsmigranten wieder in die Ursprungsregionen zurückkehren und dort - sofern sie Beschäftigung finden - in traditionelle Branchen vor allem des Dienstleistungsbereichs und der Landwirtschaft eintreten. Hierdurch werden die in den Entsendeländern bereits vorhandenen regionalen und sektoralen Disparitäten verschärft.

Insgesamt gesehen kommt - wie sehr akzentuiert formuliert wurde - der Rückwanderung im Hinblick auf die Modernisierung der Entsendeländer wohl nur marginale Bedeutung zu. Das entwicklungspolitisch aktivierbare Rückwanderungspotential ist weit geringer, als dies die Bestandszahlen in den "Gastländern" vermuten lassen.

(2) Aus diesen Feststellungen ergab sich die Vermutung, daß die *Politikansätze*, die bislang zur Förderung der Rückwanderung und zur Einleitung moderner Aktivitäten durch die Rückkehrer ergriffen wurden, noch keine ausreichende Breitenwirkung erzielt haben.

Nach Darlegungen von Herrn *Hug* und Herrn *Heyden* wurden bis jetzt vor allem sechs *Instrumente* der Rückwanderungsförderung und der Reintegrationspolitik eingesetzt:

a) Rückwanderungshilfen für Arbeitsmigranten und deren Familien:

   aa) Rückkehrprämien (z.B. in Frankreich)
   bb) Reisezuschüsse (z.B. in Italien)
   cc) Ausbildungsförderung (z.B. in der Bundesrepublik)
   dd) Arbeitsvermittlung (z.B. in Jugoslawien)

b) Reintegrationshilfen

   ee) Förderung von Betriebsgründungen im Entsendeland (z.B. Arbeitnehmergesellschaften in der Türkei) durch Finanzzuschüsse und Beratung.

ff) Allgemeine Maßnahmen zur Unterstützung von Rückkehrerinitiativen im Entsendeland (Vorzugskredite, Importerleichterungen).

Der Einsatz dieser Instrumente sei - insgesamt gesehen - aber nicht sehr erfolgreich gewesen. Mängel traten z.B. im Bereich der Ausbildungsförderung auf: Besonders die Vermittlung einer Fachausbildung an rückkehrwillige Arbeitsmigranten in der Bundesrepublik sei "im großen und ganzen nicht befriedigend" verlaufen (*Hug*).

(3) Außerdem, so wurde in der Diskussion bemerkt, könne eine positive Wirkung der dargestellten Instrumente nur dann erwartet werden, wenn bei einzelnen Arbeitsmigranten und deren Familien eine Bereitschaft zur Rückkehr bereits latent vorhanden sei. In solchen Fällen könnten Rückwanderungs- und Reintegrationshilfen die Rückkehrbereitschaft aktivieren. Seit dem Anwerbestopp der Bundesregierung und der "Ölkrise" habe sich aber die *Motivationsstruktur der Arbeitsmigranten verändert:* Die Migranten richten sich darauf ein, so lange wie möglich im "Gastland" zu bleiben. So ergibt sich mehr und mehr der Fall "einer normalen Auswanderung mit eventueller Rückwanderung nach Erreichen der Altersgrenze bzw. der Rentenberechtigung" (*Hermanns*).

(4) Als wesentliche Ursache der Veränderung der Motivationsstruktur der Arbeitsmigranten wurde die Tatsache genannt, daß die Unterschiede im Niveau der wirtschaftlichen Lebenschancen zwischen den Entsendeländern und den "Gastländern" im Laufe der Zeit konstant geblieben sind. Die Verschlechterung der Beschäftigungssituation, die in der Bundesrepublik wie in den übrigen nordwesteuropäischen Ländern eingetreten ist, schlägt sich auf die Entscheidung über Rückkehr oder Verbleib im "Gastland" kaum nieder, weil hierdurch

der grundlegende Entwicklungsunterschied kaum eingeebnet wird. Außerdem werden Beschäftigungsprobleme im "Gastland" durch die dort vorhandenen Systeme der sozialen Sicherung besser kompensiert als dies im Entsendeland erwartet wird, wenn nach der Rückwanderung Arbeitslosigkeit auftritt.

Aus diesen Gründen ist die *Attraktivität der Entsendeländer* für die Arbeitsmigranten, die sich in Nordwesteuropa aufhalten, *nach wie vor gering*.

(5) Hieraus ergibt sich, daß eine Politik der individuell ansetzenden Rückwanderungs- und Reintegrationshilfen so lange nur von beschränktem Erfolg sein wird, wie die allgemeine wirtschaftliche und soziale Lage in den Entsendeländern nicht verbessert wird. Das Problem der Reintegration hat besonders nach Meinung der ausländischen Teilnehmer (*Baučić, Yalcintas, van Dijk*) nur eine zweitrangige politische Bedeutung: *Es geht nicht um Programme für Rückwanderer, sondern primär um Programme zur Entwicklung der bislang unterentwickelten Entsendeländer und -regionen.* Solche Programme wären unter anderem mit Hilfe der Arbeitsmigranten zu finanzieren und in Zusammenarbeit zwischen den Entsendeländern und den Gastländern (technische Kooperation, Forschung) durchzuführen.

"Ohne Rückwanderung wäre die Arbeitsmigration für die Entsendeländer ein Verlust. Rückwanderung ist daher eine wesentliche Voraussetzung für einen positiven Beitrag der Arbeitsmigration für die Entwicklung der Entsendeländer und Herkunftsregionen. Sie kann diese Entwicklung aber alleine nicht einleiten. Dies wird nur möglich durch die

Förderung der wirtschaftlichen Entwicklung der zurückgebliebenen Emigrationsgebiete in den Entsendeländern", urteilt Prof. *Baučić*.

(6) *Instrumente einer allgemeinen Politik der Entwicklungsförderung in den Herkunftsgebieten* wären nach Ansicht von *Hiemenz* vor allem:

- Die *Verbesserung der Anlagemöglichkeiten für Migrantenersparnisse.* Grundvoraussetzung wäre eine nationale Geldpolitik, die den Migranten monetäre Sicherheit und attraktive Realverzinsung verspricht. Ferner ist nach alternativen Anlagemöglichkeit neben dem individuellen Kontensparen zu suchen.

  Von mehreren Diskussionsteilnehmern wurde als ein Beispiel solcher Alternativen *"Volksaktien"* genannt, mittels derer die Industrialisierung in zurückgebliebenen Gebieten finanziert werden könnte.

- Die *Verbesserung der sektoralen und regionalen Wirtschaftsstruktur* durch eine (im Hinblick auf die Produktionsvorteile einzelner Länder/Regionen) sinnvolle Selektion der zu fördernden Industrien und Standorte.

  Zur Entwicklung einzelner Regionen empfiehlt sich unter gegebenen Umständen die Anlage von *Industrieparks* (zur Förderung vor allem von Kleinindustrien) und *Freihandelszonen*.

- Die *Intensivierung des Technologietransfers* durch die Einrichtung von technologischen Beratungszentren.

Besonders der Vorschlag alternativer Anlageformen für Arbeitsmigranten nach Art der "Volksaktie" fand reges Interesse. Mehrere Diskussionsteilnehmer (u.a. *Harsche, Yalcintas*) unterstrichen, daß hiermit neben der traditionellen Form der Direktinvestition in

Rückwanderungsprojekte (z.B. Türkische Arbeitnehmergesellschaften) die Möglichkeit eröffnet würde, die Entwicklung der Herkunftsgebiete auch indirekt über die Finanzierung von regionaler Industrialisierung zu fördern.

(7) Im Laufe der Diskussion über diese Fragen zeigte es sich, daß entsprechende Politikmaßnahmen nur dann mit Aussicht auf Erfolg eingeleitet werden können, wenn auch die *gesellschaftlichen Rahmenbedingungen in den Entsendeländern* modernisiert werden:
Oft sei das politische System der Entsendeländer - so z.B. *Hermanns* - nicht in der Lage, die "wohlgemeinten Absichten der Reintegrationspolitik" zu verwirklichen.

Diese Behauptung wurde durch *Kammerer* mit Beispielen aus Süditalien belegt: Konkurrierende regionale Förderungsprogramme und nur schwer überschaubare, sich überschneidende Zuständigkeitsstrukturen mindern die Effektivität der für die Rückwanderungs- und Wiedereingliederungsförderung ausgegebenen erheblichen Geldmittel ganz beträchtlich. Nur wenige Gruppen von "Insidern" profitieren von der Förderung, während der Großteil der Remigranten "leer ausgeht". Ähnliche Erfahrungen sind im Rahmen der empirischen Entsendeländerforschung auch aus anderen Entsendeländern (z.B. Griechenland) berichtet worden.

Deshalb erscheint zumindest die *administrative Hilfe* von seiten der "Gastländer", etwa im Bereich der Arbeitsförderung und Arbeitsvermittlung, als ganz wesentliches Komplement der Industrialisierungs- und Entwicklungspolitik für Emigrationsregionen. Es ist zu erwarten, daß Politikansätze, die sich lediglich auf die Bewältigung von technischen Fragen und der Finanzierungsproblematik konzentrieren, ohne die administrative und politische Kapazität auch qualitativ zu verändern, lediglich eine weitere

Deformierung der Wirtschafts- und Sozialstruktur in den Entsendeländern und -regionen begünstigen.

(8) Ein wesentlicher Teil der Diskussion zum Politikkomplex ergab sich aus der Auseinandersetzung über die *Prioritäten*, die einerseits der individuell ansetzenden Rückwanderungs- und Reintegrationsförderung und andererseits der nationalen und internationalen Entwicklungsförderung der Entsendeländer und -regionen zukommen sollen.

Dabei stellte sich eine offensichtliche *Interessendivergenz* zwischen den anwesenden Vertretern der Entsendländer und mehreren westdeutschen Diskussionsteilnehmern heraus: Während erstere besonders die Notwendigkeit einer - etwa durch Beiträge der Industrieländer zu finanzierenden - allgemeinen Entwicklungsförderung betonten, wiesen letztere auf die wesentliche Bedeutung auch der individuellen Rückwanderungsförderung und direkter Industrialisierungshilfen über die Unterstützung von wirtschaftlichen Selbsthilfeinitiativen von Rückwanderern hin.

Insgesamt ergab die Auseinandersetzung aber, daß grundsätzlich beide Politikansätze nur als *Teilelemente einer umfassenden europäischen Nord-Süd-Politik* betrachtet werden können, die sich gegenseitig ergänzen. Zwar sind *Zielkonflikte* durchaus vorhanden - diese aber können im Prinzip aufgeklärt und damit bewältigt werden. Es ist jeweils pragmatisch zu fragen: Welche Beiträge können die einzelnen Politikansätze zur direkten und indirekten (d.h. über Entwicklungsprogramme argumentierenden) Reintegrationspolitik leisten? Die Lösungen werden je nach der Lage in den Entsendeländern verschieden ausfallen müssen *(Werth)*.

(9) Entsprechend sind auch die Politikprogramme auf den verschiedenen Durchführungsebenen zu definieren und zu koordinieren:

- *Auf internationalem Niveau* die möglichen multi- und bilateralen Finanzierungshilfen für die Entsendeländer und entsprechende Programme der technischen Kooperation.

- *Auf nationalem Niveau* die regionalen und sektoralen Entwicklungsprogramme.

- *Auf individuellem und lokalem Niveau* die Politik der Unterstützung und sozialen Sicherung der Remigranten.

Wichtigstes Kriterium hierbei ist die Frage, wer am besten zur nationalen Entwicklungspolitik und wer am besten zur sozialen Sicherung der Rückwanderer beitragen kann. Dabei sollte der *Förderung privater Initiativen* (etwa in Form von Emigrantenverbänden und Arbeitnehmergesellschaften), wo möglich, gebührende Aufmerksamkeit geschenkt werden.

Es sollte aber beachtet werden, daß Remigrationsprogramme, die auf individuellem und lokalem Niveau ansetzen, nicht von der Lösung der internationalen und nationalen Entwicklungsprobleme ablenken dürfen. Eine Vernachlässigung dieser langfristig "viel vitaleren Notwendigkeiten" (*van Dijk*) würde nicht nur dazu führen, daß mit dem Fortbestehen des innereuropäischen Entwicklungsgefälles eine wesentliche Erfolgsbedingung jeglicher Remigrations- und Reintegrationspolitik wegfällt. Besonders von den ausländischen Beobachtern wurde darauf hingewiesen, daß hierdurch auch politische Spannungen zwischen den südeuropäischen und nordwesteuropäischen Ländern entstehen können, die in vieler Hinsicht unerwünscht sind.

(10) Zusammenfassend läßt sich feststellen, daß

- die Modernisierungwirkungen der Rückwanderung für die Entsendeländer sich bislang als unzureichend erwiesen haben, und daß
- die Rückwanderung auch für die Arbeitsmigranten selbst in den meisten Fällen wirtschaftliche und soziale Enttäuschungen impliziert.

Individuell ansetzende Hilfen für die Remigranten erscheinen nach wie vor notwendig und - besonders im Bereich der Vermittlung von Organisationswissen - auch verbesserungswürdig. Doch kann die Politik der Erhöhung der individuellen Reintegrationschancen nur ein Teilelement einer umfassenden Entwicklungs- und Modernisierungspolitik in den Entsendeländern bzw. den Entsenderegionen sein, die darauf abzielt, die inneren Disparitäten in den Entsendeländern selbst wie auch zwischen den Entsendeländern und den "Gastländern" zu beheben.

Entsprechende Politikansätze sollten in enger Kooperation zwischen den zuständigen internationalen, übernationalen und nationalen Forschungs- und Politikinstitutionen entwickelt oder - wo bereits vorhanden - vertieft werden.

*

Schwerpunkte künftiger Forschungsaktivitäten lassen sich aufgrund der Hinweise, die in der Diskussion gegeben wurden, in zwei Richtungen suchen. *Im Bereich der faktenorientierten Forschung* erscheint vor allem die Klärung von zwei Problemkomplexen notwendig:

1. Die (erneute) *Untersuchung der Motivationsstruktur der Arbeitsmigranten* im Hinblick auf die Entscheidung zur Rückwanderung unter veränderten nationalen und internationalen Rahmenbedingungen;

2. Eine (möglichst vergleichende) *Darstellung und Evaluierung der sozio-politischen Rahmenbedingungen und Steuerungsmechanismen in den Entsendeländern.*

Im *Bereich der politikorientierten Forschung* wären zu untersuchen:

3. Die Möglichkeit der *Verbesserung individueller Rückwanderungs- und Reintegrationshilfen durch den Ausbau der Beratung:* Insbesondere wären die Möglichkeiten der Vermittlung von betriebsbezogenem Organisationswissen und besserer Information über die politischen und wirtschaftlichen Bedingungen in den Entsendeländern empirisch (Testprogramme) zu überprüfen.

4. Die Chancen einer *bilateralen oder multilateralen indirekten Reintegrationsförderung durch die Entwicklung der bislang schwach entwickelten Entsendeländer und -regionen.* Hierbei wäre besonderes Augenmerk auf die Beantwortung der Frage zu richten, inwieweit alternative Finanzierungsformen zur Mobilisierung der Ersparnisse der Arbeitsmigranten und gezielte Kapitalübertragungen von seiten der "Gastländer" zu diesem Zweck sinnvoll eingesetzt werden können.

Besonders die Forschungskomplexe 2 und 4 sollten möglichst unter aktiver Mitwirkung von Forschern und Forschungsinstitutionen der Entsendeländer in Angriff genommen werden.

Insgesamt ergab sich der Eindruck, daß partielle, d.h. orts-, regional- und projektbezogene Forschungsvorhaben und Evaluierungen unerläßlich sind, um bestimmte Fragestellungen der Arbeitsmigrations- und Reintegrationsproblematik zu beantworten. Erst die Einbindung der so erreichten Einzelergebnisse in die Analyse der gesamtgesellschaftlichen und -wirtschaftlichen Problemlage der Entsendeländer kann aber die Relevanz der partiellen Ergebnisse für die in den Entsendeländern selbst vorhandenen Modernisierungsnotwendigkeiten erhellen. Ein ständiger und enger Kontakt aller mit Arbeitsmigrations- und Reintegrationsfragen befaßten Forscher und Einrichtungen wurde deshalb als unerläßlich bezeichnet.

TEILNEHMER

am Internationalen Symposion "Rückwanderung und Reintegration"
16. und 17. Oktober 1980 in Saarbrücken

I. Berichterstatter

Prof. Dr. Ivo Baučić	Centre for Migration Studies University of Zagreb Krcka 1 / P.O. Box 88 - 41001 Zagreb/ Jugoslawien
Dr. Pieter J.C. van Dijk	OECD Rue André Pascal 2 - F-75775 Cedex 15 Paris
Dr. Sigmar Groeneveld	Institut für ausländische Landwirtschaft der Georg-August-Universität Göttingen Büsgenweg 2 - D-3400 Göttingen
Prof. Dr. Edgar Harsche	Institut für Agrarsoziologie der Justus- Liebig-Universität - Wirtschafts- und Regionalsoziologie Bismarckstraße 4 - D-6300 Gießen
Dr. Hartmut Hermanns	Institut für Geographie Westfälische Wilhelms-Universität Robert-Koch-Straße 26 - D-4400 Münster
Dr. Ulrich Hiemenz	Institut für Weltwirtschaft an der Universität Kiel Düsternbrooker Weg 120-122 (Postfach 4309) - D-2300 Kiel 1
Prof. Dr. Peter Kammerer	Facolta di Lettere e Filosofia, Universita di Urbino Via Saffi 9 - 61029 Urbino/Italien
Prof. Dr. Heiko Körner	Technische Hochschule Darmstadt - Fachgebiet Wirtschaftspolitik - Fachbereich 1 - Rechts- und Wirtschaftswissenschaften Schloß - D-6100 Darmstadt
Dr. Jürgen Leib	Philipps-Universität Marburg - Fachbereich Geographie Deutschhausstraße 10 - D-3550 Marburg

Prof. Dr. Cay Lienau	Institut für Geographie - Westfälische Wilhelms-Universität Robert-Koch-Straße 26 - D-4400 Münster
Prof. Dr. Günter Mertins	Philipps-Universität Marburg - Fachbereich Geographie Deutschhausstraße 10 - D-3550 Marburg
Dr. Cord Rautenberg	Institut für Agrarsoziologie - Universität Gießen Bismarckstraße 4 - D-6300 Gießen
Dr. Hermann C. van Renselaar	Hollanda Büyükelçiliği Sosyal İşler Ataşesi Türkiye'deki Hollanda İrtibat Bürosu Müdürü Abidin Daver Sokak 1/1 - Çankaya-Ankara/ Türkei
Dr. Siegfried Schultz	DIW-Deutsches Institut für Wirtschaftsforschung Königin-Luise-Straße 5 - D-1000 Berlin 33
Dr. Klaus Unger (i.V. von Prof. Dr. Evers)	Universität Bielefeld - Fakultät für Soziologie Universitätsstraße (Postfach 8640) D-4800 Bielefeld 1
Dr. Manfred Werth	isoplan - Institut für Entwicklungsforschung und Sozialplanung GmbH Bühler Straße 20-22 - D-6604 Güdingen
Prof. Dr. Nevzat Yalçintaş	Profesörler Sitesi A 2 - Blok D 2 Istanbul-Etiler / Türkei

II. Beobachter

Herr Bakkers	ICEM-Intergovernmental Committee for European Migration P.O. Box 100 - CH-1211 Genf 19
MR Helmut Heyden	Bundesministerium für Arbeit und Sozialordnung (BMA) Rochusstraße 1 - D-5300 Bonn 1
Hans-Joachim Hug	ZAV - Zentralstelle für Arbeitsvermittlung der Bundesanstalt für Arbeit Feuerbachstraße 42-46 - D-6000 Frankfurt/Main 1
Prof. Dr. Hermann Korte	Ruhr-Universität Bochum - Zentrales Sozialwissenschaftliches Seminar - Sektion: Soziologie Universitätsstraße 150, Gebäude GB 1/139 (Postfach 102148) - D-4630 Bochum
Dr. Hans-Werner Mundt	GTZ - Deutsche Gesellschaft für Technische Zusammenarbeit Dag-Hammarskjöld-Weg 1 - D-6236 Eschborn
Dr. Alfred Schmidt	Stiftung Volkswagenwerk Kastanienallee 35 (Postfach 810509) D-3000 Hannover 81 (Döhren)

III. Gastgeber und Gäste

Prof. Dr. Ernst E. Boesch   SFE - Sozialpsychologische Forschungsstelle
                             für Entwicklungsplanung, Universität des
                             Saarlandes
                             Im Fuchstälchen - D-6600 Saarbrücken 11

Dr. Schönmeier   SFE

Rüdiger Bliß   Deutsche Welle - Ausbildungszentrum Köln
                            Bonner Straße 211 (Postfach 100444)
                            D-5000 Köln 1

Dr. Klaus Britsch   Internationales Institut für vergleichende
                            Gesellschaftsforschung
                            Steinplatz 2 - D-1000 Berlin 12

K.H. Dederichs   Friedrich-Ebert-Stiftung
                            Godesberger Allee 149 - D-5300 Bonn 2

Herr Gemballa   Deutscher Forschungsdienst
                            Ahrstraße 45 - D-5300 Bonn 2

Hans-Josef Zimmer   CDG - Carl-Duisberg-Gesellschaft, Landes-
                            stelle Saarbrücken
                            Mecklenburgring 1 - D-6600 Saarbrücken-
                            Eschberg

Verzeichnis
der von der Stiftung Volkswagenwerk geförderten Projekte im Bereich
"Rückwanderung und Reintegration"

Prof. Dr. H. K ö r n e r Institut für Außenhandel und Überseewirtschaft der Universität Hamburg	Industrialisierung als Mittel der Re-Integration rückwandernder Gastarbeiter
Dr. Fikret G ö r ü n Middle East Technical University Ankara	Rückwanderung türkischer Arbeiter. Auswirkungen und Implikationen für eine Migrationspolitik
Dr. M. W e r t h isoplan - Institut für Entwicklungsforschung und Sozialplanung Saarbrücken	Mobilität und Reintegration. Analyse der wirtschaftlichen, sozialen und entwicklungspolitischen Effekte der Migration von ausländischen Arbeitnehmern am Beispiel Türkei
Prof. Dr. E. H a r s c h e Universität Gießen, Institut für Agrarsoziologie	Regionale Orientierung der Rückwanderungen von Gastarbeitern und Motivationsstrukturen anlageorientierten Sparverhaltens
Prof. Dr. P. K a m m e r e r Universita di Urbino, Facolta di Lettere e Filosofia	Reintegrationsprobleme rückkehrender Arbeitskräfte in Süditalien (Apulien)
Prof. Dr. H.-D. E v e r s Universität Bielefeld, Fakultät für Soziologie	Remigration und Sozialstruktur - Arbeitskräfterückwanderung und deren Auswirkungen in urbanen Räumen Griechenlands
Prof. Dr. C. L i e n a u Universität Münster, Institut für Geographie	Rückwanderung griechischer Gastarbeiter und Regionalstruktur ländlicher Räume in Griechenland
Prof. Dr. G. M e r t i n s Universität Marburg, Fachbereich Geographie	Auswirkungen der Ab- und Rückwanderung spanischer Arbeitnehmer auf die Bevölkerungs-, Siedlungs- und Wirtschaftsstruktur der Herkunfts- und Zielgebiete
Prof. Dr. H. B r a u n Universität Tübingen, Soziologisches Seminar	Der Arbeitsemigrant nach seiner Rückkehr

isoplan

Institut für Entwicklungsforschung, Wirtschafts-
und Sozialplanung GmbH

Bühler Straße 20-22 Belderberg 19
6604 Saarbrücken-Güdingen 5300 Bonn 1

schriften

1 Heiko Körner, Manfred Werth (Hg.): Rückwanderung und Reintegration von ausländischen Arbeitnehmern in Europa. Beiträge zu einem internationalen Symposion des isoplan-Instituts in Saarbrücken am 16. und 17. Oktober 1980. 1981. 161 S. DM 18,–. ISBN 3-88156-197-8.

Verlag **breitenbach** Publishers
Memeler Str. 50, D-6600 Saarbrücken, Germany
P.O.B. 16243 Fort Lauderdale, Fla 33318, USA

1655201